JN243918

災害時の食のお役立ちBOOK

もしものとき、子どもと保育者・園を守る

メイト

Contents

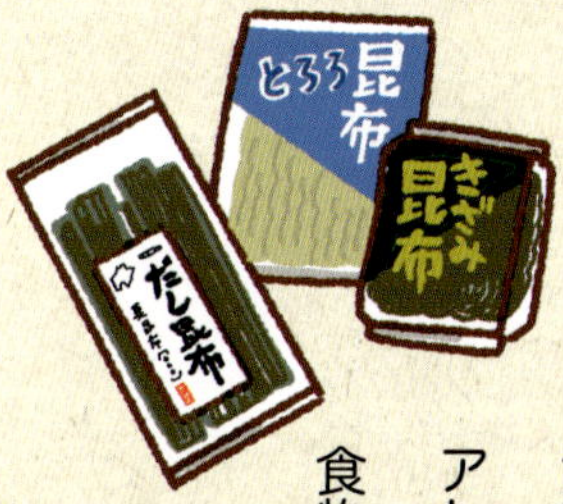
とろろ昆布
きざみ昆布
だし昆布

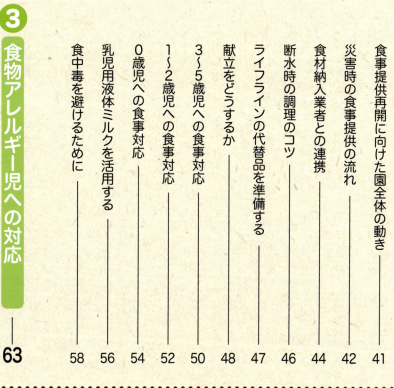

はじめに

読者のみなさんは、災害時の備えについて、保護者の引き取りまでに提供する非常食の備蓄ばかりを気にされていませんか。通常保育を再開するために重要な、もう一つの食事提供の備えも欠かせません。ライフラインが長期間途絶えていて、食材も納入業者から届けられない状況下で食事を提供するのは想像以上に大変なことです。食材の安定供給のための体制づくりや、断水時の食中毒防止策、限られた燃料、食材、人材で効率よく調理するための手順やレシピの開発、ライフライン代替品の確保や訓練など、事前にすべき対策が山ほどあります。

子どもにとって、食事はつらい被災生活での喜びの一つです。日常生活を取り戻すことが心の安定につながることを鑑みれば、一日も早く食べ慣れている食事を提供していくことが重要になります。食事で子どもたちの笑顔を引き出せるように、この書をご活用いただければ幸いです。

危機管理教育研究所
代表　国崎信江

1

被災時に役立つ備蓄とレシピ集

災害時の「食」を知ろう
「食」の備蓄
「ポリ袋調理法」の手順
混ぜるだけレシピ
混ぜる＋加熱レシピ
切る＋混ぜる＋加熱レシピ
切る＋混ぜる＋焼くレシピ
食器は工夫して使おう
トピックス　東日本大震災から学ぶ災害時の「食」

知っておくと安心

災害時の「食」を知ろう

災害が起き、命の無事が確認できたあとに問題になるのは「食」についてです。
災害時にこそいかしたい「食」とはどんなことでしょうか？

柔軟な発想こそが災害時には必要となります

災害時に食べるものは、「非常食」と考えている人が少なくないと思います。

しかし、非常食は、保存期間の長い食品です。だから、先に食べてはいけません。できるだけ園内にある食品から先に食べましょう。そうすれば、支援が来るまでの期間を、乗り越えることができます。

伝統食材は栄養豊富な災害食

日本の伝統食材は、冷蔵庫などがない時代、長期間保存できる方法を考え、生まれたものです。乾物は、その代表選手で、栄養やうま味があり、保存にもすぐれています。

乾物以外にも、納豆、みそ漬け、かす漬け、塩漬けの肉や魚、煮豆、つくだ煮など保存期間の長い製品などもあります。日々の食事に積極的に取り入れていきましょう。

災害時だからこそいつものおいしいものを食べる

災害で気落ちしているとき、おいしくないものを食べても、元気が出ません。

大きな災害では、園再開後も充分な物資が手に入らない状況が続くかもしれません。ですが、そんなときこそ、子どもたちには、少しでもおいしいものや食べ慣れているものを提供しましょう。

コストを下げられる災害食もあります

災害のための備蓄は、その購入費用はもちろん、消費期限が過ぎたあとの廃棄の費用もかかり、園の経営を圧迫するものです。しかし、そのコストを少しでも軽減できる方法があります。

日常的に使用している食材を多めに備蓄し、消費した分を補充する流通備蓄です。非常食の割合を調整することで、コストカットできます。

どんなものが必要？

「食」の備蓄

災害に備えた食料の備蓄は、どんなものがよいのでしょうか。
それぞれの場合で考えます。

災害直後、すぐに役立つ食品

災害が起こって、保護者が子どもたちを引き取りに来るまでの間に役立つものです。

すぐに食べられるもの

クッキー、ビスケット、パン
軽食として、保護者が来るまでに重宝します。

果物
(バナナ、みかんなど)
包丁がいらず、むいてすぐ食べられるものがよいでしょう。

野菜ジュース
水分とともに栄養も補給します。

栄養補助食品
子どもだけでなく、保育者のエネルギーに。

長期化した場合に役立つ

アルファ化米
白米、味つきごはん、おかゆのパウチなど最近は開けたらそのまま食べられるものもあります。

缶切り不要な缶詰
(パンの缶詰など)
長期保存できるパンの缶詰は非常食として優秀です。

園再開後、役立つもの①

災害が一段落し、復興過程で園が再開。
食事提供を再開したときに役立つものです。

主食になるもの

乾麺（パスタ、マカロニ、うどんなど）
短時間で調理しやすいもの、アレルゲンフリーのものを。

無洗米
水を使わないで炊ける無洗米がおすすめです。

粉類
（米粉、ホットケーキミックスなど）
お好み焼きやケーキなど、混ぜて様々な料理に使えます。

調理にいろいろ使えるもの

缶切り不要な缶詰
（魚や肉の缶詰など）
新鮮な肉や魚が入手できない場合に重宝します。

調味料
被災した園で、「あってよかった」との声が複数あがりました。

フリーズドライの野菜やフルーツ
新鮮な野菜や果物が手に入らない際に栄養を補います。

スープの素
（コンソメ、うどんつゆの素など）
だしをとることが難しい場合に備えます。

瓶詰
（サケフレーク、とりそぼろなど）
調理の味つけにも使えて便利です。

うめぼし
おにぎりの具としても、調味料としても使えます。

ふりかけ
ごはんにかけて、不足しがちな栄養素を補います。

園再開後、役立つもの②

乾物類は保存がきき、干されたことによって、栄養価が高まるものがあります。

栄養価が高い乾物

昆布製品
カルシウム、食物繊維がたっぷりで、成長を促進するヨウ素も豊富です。

切り干し大根
カルシウム、鉄分、ビタミンが豊富。戻すだけで食べられます。

カットわかめ
発育に欠かせないミネラル、カルシウムなどを含んでいます。

かんぴょう
食物繊維、カルシウム、カリウムが豊富。おにぎりの具にもなります。

のり
ビタミン、鉄、カルシウムなど栄養の宝庫で、「元気の素」が詰まっています。

麩
ほうれん草の約1.5倍の鉄分、キャベツの2倍以上の食物繊維を含みます。

寒天
食物繊維がたっぷりなほか、ガラクトースは乳児の成長を促進します。

「ポリ袋調理法」の手順

料理するための熱源がない、水が充分に使えない……。
そんな災害のさなかで、「ポリ袋調理法」は大活躍します。

用意するもの

ポリ袋

薄手のものでなく、食品包装用の耐熱130℃程度のものを選ぶ。

水

水道が使えれば、水道水で可。鍋の6分目程度まで入れる。

カセットコンロ

どんなものでもよいが、火力が強いもののほうが使い勝手がよい。

鍋

深めで直径20㎝以上が目安。大きすぎると加熱時間がかかるので注意。

皿

ポリ袋が鍋底にじかにふれないために置くもので、鍋の直径より小さいもの。

Point!

ポリ袋の選び方

- ●食品包装用、食品・冷凍保存用等と表示してあるもの
- ●「高密度ポリエチレン」と表記してあるもの
- ●25cm×35cm程度のものが使いやすい

水、熱源が限られていても温かい料理ができる

災害時は電気、ガス、水道といったライフラインが使えない可能性がありますが、それでも食事はしなければなりません。そんなときに役立つのが「ポリ袋調理法」です。もともとはプロが使う真空調理法を、家庭向けにアレンジしたものとして生まれました。それが災害時にも役に立つとされ、注目されています。

ポリ袋調理法のメリットは、通常の料理よりも水が少なくすむ、一つの鍋でいろいろな料理ができるなど様々です。災害時に水の使用が制限されたり、熱源が充分に使用できなかったりしたときでも、温かい料理を子どもたちに提供することができる便利な方法なのです。

ポリ袋は、半透明の高密度ポリエチレン製のものを使ってください。災害に備えて、ポリ袋調理法を習熟しておきましょう。

調理手順

1 ポリ袋に食材、調味料を入れる。
注意 途中で味見ができないので、調味料、油の量はしっかり計る。

2 鍋やボウルに水を入れ、①を入れる。

3 ポリ袋をねじりながら水圧で空気を抜き、上部で口を結ぶ。
注意 材料は平たく均一に。量を入れすぎるとムラが出たり、ポリ袋が裂けやすくなる。

4 鍋の中のお湯に入れる。
注意 ポリ袋が鍋肌にふれないよう、鍋底には皿を敷く。
注意 吹きこぼれないように、鍋の水は6割程度で。

5 適した時間、温める。

参考

ごはん1合分(米1カップ、水180mL)は、沸騰した湯の中に約20分入れ、火を止めて10分蒸らすと炊きあがります。

ポリ袋調理のメリット6つ

- 水が少なくてすむ
- 調味料が少なくてすむ
- 風味づけ以外の食用油脂が不要
- うまみや栄養素が逃げない
- 一つの鍋で複数の調理が可能
- 半真空状態で材料に火が通りやすい

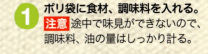

混ぜるだけ

食事提供の再開時は、まずできることからが鉄則。火が使えないときは、混ぜるだけでできるおかずが重宝します。

[子ども1人分]	
カロリー	93kcal
タンパク質	2.1g
脂質	1.9g
カルシウム	9.6mg
鉄	0.7mg
食物繊維	1.4g
食塩相当量	0.4g

ポテトフレークで簡単ポテサラ

副菜 サーモンポテトサラダ

水や牛乳で戻して使用できるポテトフレークは、災害時の強い味方。鮭フレークと混ぜれば、塩味もちょうどよく、おいしいサラダに大変身です。

材料 子ども20人分

- ポテトフレーク…………………100g
- 戻し水(牛乳または豆乳)……… 適量
- 鮭フレーク……………………… 1瓶
- マヨネーズ……………………… 適量

作り方 調理時間10分

①ポリ袋にポテトフレークと水を入れてよく混ぜる。

②①に鮭フレークを入れ、マヨネーズも加えてよく混ぜる。

おすすめPoint!

- 人気メニューでビタミンCを補給
- じゃがいもで満腹感が持続

ポテトフレークの活用術

水や牛乳で戻せば、簡単なマッシュポテトができるポテトフレーク。戻しの際の水分量によっては、お団子にしたり、スープにしたりと、一つで様々な料理にアレンジできます。

混ぜる

豆とツナのひじきサラダ

ひじきとなめ茸のあえもの

災害時に不足しがちなミネラルと食物繊維を補う

副菜 ひじきのあえもの2種

災害時に取り入れてほしい栄養素が豊富なひじき。
子どもの好きな食材を入れて、食べやすく味つけしました。

豆とツナのひじきサラダ

材料 子ども20人分

豆水煮…………1缶(1袋)
ひじき水煮 ……… 1缶(1袋)
ツナ缶…………………… 2缶

[子ども1人分]	
カロリー	63kcal
タンパク質	4.5g
脂質	4.5g
カルシウム	23mg
鉄	0.4mg
食物繊維	0.9g
食塩相当量	0.1g

作り方 調理時間10分

①ポリ袋に材料を入れて混ぜる。

ひじきとなめ茸のあえもの

材料 子ども20人分

乾燥ひじき(芽ひじき)…10g
(ひじきの缶詰の場合は1缶)
湯……………………… 適量
なめ茸 ………………… 1瓶

[子ども1人分]	
カロリー	8.3kcal
タンパク質	0.3g
脂質	0g
カルシウム	1.4mg
鉄	—mg
食物繊維	0.4g
食塩相当量	—g

作り方 調理時間10分

①乾燥ひじきを湯で戻す。
(水で戻す場合は時間を長めに)
②戻ったひじきの水気を切り、ポリ袋に入れる。
③②の中に、なめ茸を入れてあえる。

おすすめPoint!

- 栄養価が高く、ツナ使用で子どもが食べやすい

おすすめPoint!

- 味つけ不要の簡単レシピ
- 災害時に不足しがちなミネラルと食物繊維を補う

大根とそぼろの簡単フレーク

大根ツナマヨサラダ

カルシウムや鉄が豊富な乾燥野菜を使用

副菜 切り干し大根のあえもの２種

栄養価が高い切り干し大根は、災害時、ぜひ取り入れたい食材。

マヨネーズやツナ、コーンに鶏そぼろで味つけすれば、切り干し大根が苦手な子どももおいしく食べられます。

大根とそぼろの簡単フレーク

[子ども1人分]	
カロリー	22kcal
タンパク質	1.1g
脂質	0.6g
カルシウム	13.5mg
鉄	0.2mg
食物繊維	0.5g
食塩相当量	0.2g

材料 子ども10人分

切り干し大根 ………… 25g
戻し水 ………………… 適量
瓶詰鶏そぼろ ………… 1瓶

作り方 調理時間10分

①切り干し大根を水で戻す（はさみで細かくカットすると食べやすい）。
②戻った切り干し大根の水気を絞り、ポリ袋に入れる。
③②の中に鶏そぼろを入れてあえる。
＊ハサミは調理用のもので必ず消毒を。

おすすめPoint！

- 災害時でも乾燥野菜で栄養を摂取
- 切り干し大根が苦手な子どもも、甘めのそぼろで食べやすい

大根ツナマヨサラダ

[子ども1人分]	
カロリー	57kcal
タンパク質	3.3g
脂質	2.8g
カルシウム	90mg
鉄	0.6mg
食物繊維	3.7g
食塩相当量	0.1g

材料 子ども20人分

切り干し大根 ………… 80g
戻し水 ………………… 適量
ツナ缶 ………………… 2缶
コーン缶 ……………… 1缶
マヨネーズ ………… 大さじ10

作り方 調理時間10分

①切り干し大根は、ポリ袋に入れてほぐし、戻し水を入れてしんなりさせる。
②①にツナ、コーン、マヨネーズを入れて混ぜる。

おすすめPoint！

- 子どもたちが好きなツナと、コーンマヨネーズを使用したレシピ
- カルシウム、食物繊維が豊富

チョコディップぞえ
［子ども1人分］

カロリー	58.7kcal
タンパク質	1.1g
脂質	2.1g
カルシウム	7.3mg
鉄	0.2mg
食物繊維	0.4g
食塩相当量	0.1g

シナモンあえ
［子ども1人分］

カロリー	46.9kcal
タンパク質	1g
脂質	1.3g
カルシウム	3.1mg
鉄	0.1mg
食物繊維	0.4g
食塩相当量	0.1g

コンソメあえ
［子ども1人分］

カロリー	47kcal
タンパク質	1g
脂質	1.3g
カルシウム	3.2mg
鉄	0.1mg
食物繊維	0.4g
食塩相当量	0.2g

備蓄品をおいしいおやつに

おやつ 乾パンアレンジ3種

備蓄された乾パンは、固くて味も画一的。
でも、ちょっとした工夫で、子どもたちもおいしく食べることができます。

材料 各子ども30人分（各1人3〜4個分）

乾パン……………… 各100g（3缶）
マーガリン…………………… 20g
コンソメ、シナモンシュガー‥ 適量
板チョコレート ……………… 1枚
コーヒーフレッシュ ………3〜4個

作り方 調理時間5分

コンソメあえとシナモンあえ

①ポリ袋に乾パン1缶、マーガリンを10g程度入れ、袋の中の空気を抜いてこするようにしてまんべんなくつける。

②マーガリンが絡んだら、袋の中にコンソメやシナモンシュガーを入れてまぶす。

チョコディップぞえ

①コンソメあえとシナモンあえと同様、乾パンにマーガリンを絡ませる。

②板チョコが常温で溶ける場合は、溶けてからコーヒーフレッシュを入れてよく混ぜる。溶けにくいときは、チョコをポリ袋に入れ湯せんにかけるとよい。

おすすめPoint！

- 食べにくい乾パンを好みの味で食べることができる
- アレンジしやすい

混ぜる＋加熱

混ぜてから加熱するだけ。材料を切ることなく手軽です。

［子ども1人分］	
カロリー	98kcal
タンパク質	6.8g
脂質	5.3g
カルシウム	9.1mg
鉄	0.8mg
食物繊維	0.2g
食塩相当量	0.5g

ポリ袋調理でできる満足の肉料理

主食・主菜 ミートローフハンバーグ

子どもたちが大好きなお肉に野菜を入れた満足のメニュー。
ポリ袋で調理するので、肉汁を逃さずうま味たっぷりです。

材料 子ども10人（個）分

合い挽き肉……………………300g
ミックスベジタブル …………… 50g
（他の野菜でも可）
卵……………………………… 1個
パン粉 ………………………… 15g
トマトケチャップ…………… 大さじ1
中濃ソース ………………… 大さじ1
塩……………………… 小さじ1/2弱
こしょう ……………………………少々
A｜トマトケチャップ………… 大さじ2
　｜中濃ソース……………… 大さじ2

作り方 調理時間60分

①ポリ袋の中にA以外の材料を入れてよくもみ混ぜる。
②よく混ざったらポリ袋の下のほうに筒状にまとめ、形が崩れないようにラップを巻く。
③②をさらにポリ袋に入れ、沸騰させた鍋に30分入れ、火を止めてから10～15分余熱で温める。
④ポリ袋からミートローフを取り出し、同じポリ袋の中にAを入れてソースを作る。

おすすめPoint！

- ボリュームがあり、野菜も一緒にとれる
- 一度にたくさんの量を作ることができる

[子ども1人分]	
カロリー	107kcal
タンパク質	1.9g
脂質	1.8g
カルシウム	22mg
鉄	0.3mg
食物繊維	0.8g
食塩相当量	0.2g

ホットケーキミックスで蒸しパン

おやつ ココア蒸しパン

通常のクッキングで使いやすいホットケーキミックスを使用したデザートです。
カルシウム・マグネシウム・鉄分・亜鉛などのミネラルを含んだココアも使いました。

材料 子ども5人分

ホットケーキミックス…………100g
ココア…………………………大さじ1
砂糖……………………………大さじ2
マヨネーズ……………………大さじ2
水（または豆乳）………………90mL

作り方 調理時間40分

①ポリ袋にホットケーキミックス、ココア、砂糖、マヨネーズ、水を入れてもみ混ぜて口を縛る。
②沸騰した鍋に、①を30分入れる。

おすすめPoint！

- ココアを入れて、ミネラルを補給
- ボリュームがあり、腹もちがよい

お汁粉風 [子ども1人分]	
カロリー	133kcal
タンパク質	2.7g
脂質	0.4g
カルシウム	6.6mg
鉄	0.7mg
食物繊維	1.8g
食塩相当量	0g

抹茶ミルク [子ども1人分]	
カロリー	141kcal
タンパク質	3.5g
脂質	2.8g
カルシウム	78mg
鉄	4.4mg
食物繊維	0.3g
食塩相当量	0g

いろいろな味で楽しめます

おやつ 白玉団子のアレンジ2種

腹もちのいい白玉を使った時短レシピです。
食物アレルギー児に提供しやすく、ソースをいろいろアレンジしやすいのが○。

●白玉団子

材料 子ども12人分

白玉粉……………………………200g
水……………………………… 190mL
砂糖……………………………小さじ1

作り方 調理時間30分

①二枚重ねのポリ袋に材料をすべて入れてよく混ぜて平らに伸ばす。中に少し水30～50mL（分量外）を入れて、中の空気を抜いて口を閉じる。
②沸騰した鍋に①を20分入れる。
③できあがったら袋ごと水につけて粗熱をとる。
④粗熱がとれたら袋から取り出す。
⑤食べやすい大きさにカットする。

●アレンジ1　お汁粉風

材料 子ども12人分

こしあん（または粒あん）
……………………………360～400g
水（または湯）…………………… 適量

作り方 調理時間30分

①ポリ袋にこしあん（粒あん）を入れ、水または湯を適量を加える。
②器に白玉と①を入れる。

おすすめPoint!
●腹もちもよく、まとめて作れ、アレンジしやすい

●アレンジ2　抹茶ミルク

材料 子ども12人分

抹茶……………………………約大さじ2
湯…………………………………80mL
牛乳（もしくは豆乳）………800mL
グラニュー糖……………… 大さじ9

作り方 調理時間30分

①ポリ袋に湯を入れ、その中で抹茶を溶かす。
②①に牛乳とグラニュー糖を加えて、鍋に入れ温める。
③器に白玉を入れ②をかける。

※白玉団子は薄く小さくして提供し、喫食時にはよくかんで食べるよう伝えましょう。
※好みで味を調整してください。

加熱＋混ぜる＋切る

切る＋混ぜる＋加熱

材料を切ってからポリ袋に入れ湯せんへ。温かいスープが提供できます。

[子ども1人分]	
カロリー	72.6kcal
タンパク質	2.7g
脂質	3.5g
カルシウム	10.6mg
鉄	0.2mg
食物繊維	0.7g
食塩相当量	0.5g

アルファベットマカロニがかわいい！

汁物 マカロニ入りポトフ

じゃがいも、玉ねぎ、キャベツを使った栄養満点のスープ。

マカロニを入れると満足感が得られ、定番のコンソメ味は、子どもたちに安心感も与えます。

材料 子ども6～7人分

じゃがいも	100g（1個）
（※できれば、くずれにくいメークインを使用）	
玉ねぎ	100g（1/2個）
キャベツ	100g
皮なしウインナー	4本
アルファベットマカロニ	30g
水	600mL
コンソメスープの素	4.5g
塩	小さじ1強
こしょう	少々

作り方 調理時間30分

①野菜は7～8㎜角に切り、皮なしウインナーは薄切りにする。

②ポリ袋にすべての材料を入れて、沸騰した鍋に20～25分入れる。

おすすめPoint！

- 様々な栄養素が摂りやすい
- マカロニを使えばパンにもごはんにも合う
- いろいろな野菜を入れてもOK！

[子ども1人分]	
カロリー	115 kcal
タンパク質	4.7g
脂質	5.5g
カルシウム	95.2mg
鉄	0.3mg
食物繊維	1.6g
食塩相当量	0.4g

ミックスベジタブルでおいしく栄養補給

汁物 具だくさんクラムチャウダー

加熱時間を調整すれば、低年齢の子どもから対応可能なメニューです。
たんぱく質、カルシウム、ミネラルがたっぷりです。

材料 子ども5人分

玉ねぎ……………………100g(1個)
じゃがいも………………100g(1個)
(※できれば、くずれにくいメークインを使用)
ミックスベジタブル……………100g
(ほかの野菜でも可)
皮なしウインナー………………2本
牛乳もしくは豆乳…………400mL
塩……………………………小さじ1弱
コンソメ…………………ひとつまみ
乾燥パセリ…………………………少々

作り方 調理時間30分

①玉ねぎとじゃがいもは小さめのさいの目切りに、皮なしウインナーは薄切りにする。
②ポリ袋を二枚重ねにしてパセリ以外の材料を入れ、中の空気を抜いて口を閉じる。
③沸騰した鍋に、②を20〜25分入れる。
④器に盛り、乾燥パセリを散らす。

おすすめPoint!

- たんぱく質やカルシウムなどミネラルがとりやすい
- 材料を小さくカットすれば、小さな子どもも食べやすくなる

ちりめんじゃこと わかめのうどん［子ども1人分］	
カロリー	89kcal
タンパク質	3.4g
脂質	0.4g
カルシウム	23mg
鉄	0.2mg
食物繊維	0.9g
食塩相当量	2.1g

鶏肉と野菜の 煮込みうどん［子ども1人分］	
カロリー	140kcal
タンパク質	5.9g
脂質	4.2g
カルシウム	43mg
鉄	0.6mg
食物繊維	1.4g
食塩相当量	1.8g

簡単で腹もちがいい！

汁物 アレンジうどん2種

うどんは食べやすく、子どもたちにも人気のメニュー。
使う具材を工夫することで、様々な味を楽しんでもらえます。

おすすめPoint！

- 野菜やカルシウムを無理なくとれる
- ちりめんじゃことわかめのうどんは時短に最適

鶏肉と野菜の煮込みうどん

材料 子ども5人分

ゆでうどん……………360g
うどんだし………… 500mL
（うどんスープの素2個、水500㎖）
鶏肉……………………100g
にんじん……… 50g（1/2本）
大根……………………100g

作り方 調理時間30分

①鶏肉は1㎝角、にんじんは薄いいちょう切り、大根は薄い短冊切りにする。
②ポリ袋に①、ゆでうどん、うどんだしを入れて口を縛る。
③沸騰した鍋に②を20分入れる。

ちりめんじゃことわかめのうどん

材料 子ども5人分

ゆでうどん……………360g
うどんだし………… 500mL
（うどんスープの素2個、水500mL）
ちりめんじゃこ ………… 25g
乾燥わかめ……………… 5g

作り方 調理時間30分

①ポリ袋に、ゆでうどん、ちりめんじゃこ、乾燥わかめ、うどんだしを入れて口を縛る。
②沸騰した鍋に①を20分入れる。

[子ども1人分]	
カロリー	86 kcal
タンパク質	2.8g
脂質	0.6g
カルシウム	15mg
鉄	0.4mg
食物繊維	1.6g
食塩相当量	0.9g

子どもに人気のケチャップ味

主食・主菜 お野菜いっぱいナポリタン

マカロニは子どもに人気の食材で、短時間でゆでられるものもあります。
子どもたちに定番の味を、ちょっとしたアレンジですばやく提供することも大事です。

材料 子ども10人分

- 玉ねぎ ……………… 100g(1/2個)
- にんじん ……………… 50g(1/2本)
- キャベツ ………………… 50g(1枚)
- 早ゆでマカロニ ……………… 75g
- スイートコーン ……………… 50g
- ケチャップ ………………… 大さじ5
- コンソメ ……………………… 1個
- 水 …………………………… 350mL

作り方 調理時間30分

①玉ねぎは薄切り、にんじんは細切り、キャベツは一口大に切る。
②ポリ袋に、①、マカロニ、スイートコーン、ケチャップ、コンソメ、水を入れて混ぜて口を縛る。
③沸騰した鍋に、②を20分入れる。

おすすめPoint!

- 野菜をたくさん加えることで、効率よく1品で栄養が摂れる
- 早ゆでパスタを使用すれば時短になる!

[子ども1人分]	
カロリー	98 kcal
タンパク質	29g
脂質	1.2g
カルシウム	23mg
鉄	0.9mg
食物繊維	2.3g
食塩相当量	1.4g

卵・牛乳・小麦粉不使用のシチュー

汁物 さつまいもとかぼちゃのシチュー

栄養価の高い、さつまいもとかぼちゃを使ったメニューで、
災害時に陥りがちな食生活の乱れを整えます。

材料 子ども5人分

- さつまいも………… 100g(1/2個)
- かぼちゃ…………… 100g(1/8個)
- にんじん……………… 50g(1/2個)
- 玉ねぎ……………… 100g(1/2個)
- スイートコーン……………… 50g
- 米粉…………………… 大さじ2
- コンソメ…………………… 1個
- 豆乳…………………… 200mL
- 水……………………… 100mL
- 塩…………………… 小さじ1/4

作り方 調理時間30分

①さつまいも、かぼちゃ、にんじん、玉ねぎは1㎝角に切る。

②ポリ袋に米粉、コンソメ、豆乳、水、塩を入れてもみ混ぜ、①の野菜とスイートコーンを入れて口を縛る。

③沸騰した鍋に、②を20分入れる。

おすすめPoint!

- 豆乳を使ったやさしい味わいのシチュー
- 災害時の便秘対策と免疫力を高める効果が期待できる

[子ども1人分]	
カロリー	262kcal
タンパク質	57g
脂質	8.7g
カルシウム	35mg
鉄	1.1mg
食物繊維	2.3g
食塩相当量	0.5g

豆入りのたんぱく質豊富なカレー

主食･主菜 チキンと豆のカレー

子どもたちの大好きなカレー。ガスレンジが使えなくても、ポリ袋調理で作ることができます。

缶詰めの豆を入れれば、栄養豊富なおいしいカレーができます。

材料 子ども5人分

鶏肉	150g
玉ねぎ	100g(1/2個)
にんじん	50g(1/2本)
水煮大豆	100g
カレールウ	45g
水	350mL
A 米	1合分
水	180mL

作り方 調理時間30分

①鶏肉、玉ねぎ、にんじんは1㎝角に切る。
②ポリ袋に①、水煮大豆、カレールウ、水を入れて口を縛る。
③別のポリ袋にAを入れ口を縛る。
④沸騰した鍋に、②③を20分入れ、③はその後、10分蒸らす。

おすすめPoint!

- 成長期の子どもに必要なたんぱく質が豊富なメニュー
- 様々な野菜が一度に食べられる

[子ども1人分]	
カロリー	290 kcal
タンパク質	9.5g
脂質	12.4g
カルシウム	21.2mg
鉄	1.3mg
食物繊維	0.9g
食塩相当量	0.8g

災害時こそ、子どもたちの人気メニューを

主食・主菜 ふんわり玉子のせオムライス

フライパンがないと難しい料理も、ポリ袋調理なら大丈夫。
子どもたちに大人気のオムライスも、ぜひ作ってみてください。

おすすめPoint!

- ピラフ、ケチャップライス、オムライスの3通りの食事を作ることができる
- 好きな野菜やハム、ベーコン、ソーセージなどを使い、アレンジしやすい

材料 子ども7〜8人分

●ケチャップライス

米……………………… 2合
ハム……………………50g
水………………… 360mL
(分量を30〜50mL増やせば1〜2歳児も食べやすい)
サラダ油…………大さじ2
ミックスベジタブル …… 80g
(ほかの野菜でも可)
塩…………………小さじ1
コンソメ(顆粒)………… 9g
こしょう ………………少々
(年齢などに応じて)
ケチャップ ………大さじ1
砂糖…………… ひとつまみ

●オムレツ

卵……………………… 6個
牛乳……………… 100mL
サラダ油…………大さじ2

オムライスのごはんは、ケチャップを混ぜずにピラフとしても食べられます。

作り方 調理時間40分

①米は少量の水(分量外)で洗う。
②ハムは1cm角に切る。
③米と水をポリ袋に入れ、中の空気を抜いて口を閉じ、さらにもう一度ポリ袋に入れて口を縛る。
④別のポリ袋に油、ミックスベジタブル、ハム、塩、コンソメを入れ、できるだけ中の空気を抜いて口を縛る。
⑤二枚重ねしたポリ袋の中に卵、牛乳、油を入れてよくもんで混ぜる。
⑥沸騰した鍋の中に③④⑤を入れる。
⑦加熱から15分で、オムレツ用の⑤を取り出す。卵に火が通っていない場合は、スプーンなどで真ん中の部分をほぐし、余熱で火を入れる。
⑧③と④は25分経ったら5分ほど蒸らし、混ぜてピラフを作り、ケチャップと砂糖も混ぜケチャップライスにする。
⑨⑧に⑦をのせ、好みでケチャップをかける。

切る＋混ぜる＋焼く

混ぜて焼くだけ。残ったものや、子どもが食べにくいものも混ぜて、おいしく食べられます。

[子ども1人分]	
カロリー	260 kcal
タンパク質	10g
脂質	9g
カルシウム	127mg
鉄	1.9mg
食物繊維	3.9g
食塩相当量	5g

材料を混ぜて焼くだけの簡単レシピ

主食・主菜 桜エビとコーンのお好み焼き

災害時に調理しやすいメニューとして「粉もの」があげられます。
余っているものや乾物なども入れて、食材を無駄なく使えます。

材料 子ども1人分

- キャベツ……………… 50g(1枚強)
- ねぎ……………………………少々
- 桜エビ ………………………… 2g
- スイートコーン ………………… 50g
- お好み焼き粉 ………………… 50g
- 水……………………………50mL
- ソース、かつお節、マヨネーズ ……………………………… 各適量

作り方 調理時間30分

①キャベツは千切り、ねぎは小口切りにする。
②ポリ袋にお好み焼き粉、水を入れて混ぜ、①、桜エビ、スイートコーンを入れて混ぜる。
③フライパンにクッキングシートを敷いて、②を入れて両面を焼く。
④③の上に、ソース、かつお節、マヨネーズをかける。

おすすめPoint！

- 様々な栄養を摂取できる
- ほかの材料を使っての、アレンジがしやすい

食器は工夫して使おう

災害時、水道が断水した場合は水が充分に使えません。いかに、洗い物を減らしながら、衛生的に食事を提供するかが、カギとなります。いつも使う食器にラップを巻いて使うほか、新聞紙やおり紙でも器を作ることができます。子どもと一緒に作ることで、つらいことを忘れる時間にもなります。

新聞紙で…

新聞紙で作った器に
ポリ袋をかぶせると……

立派なワンプレートの器に!

折り紙で…

折り紙の器で、おやつを提供!

紙コップで…

紙コップが、うどんの器に!

甚大な被害が発生した、大船渡市の中心街。

トピックス

東日本大震災から学ぶ

災害時の「食」

2011年3月11日に発生した東日本大震災で、岩手県大船渡市を襲った震度は6弱。その3分後には大津波警報が発令されました。

大きな混乱の中、同市にある保育園・こども園・幼稚園の保育者のみなさんは、子どもたちの命を守るために奮闘しました。

今回、同市の9園に、そのときのことを伺いました。

学校体育館や公民館などを避難所として開設
（大船渡北小学校体育館）

支援物資の受入れ

園や調理室は どんな被害を受けましたか?

食器棚がずれたが、壊れたりはしなかった

食器が入っている棚がずれたりはしましたが、壊れたりはしませんでした。ガスはプロパンだったので使用可能、水は直通の栓があったので使うことができました。ただし、外灯が破損したことと、停電が3日ぐらい続きました。

冷凍冷蔵庫の不具合など 調理室にも大きな被害

園庭や駐車場が崩れ、遊戯室の蛍光灯が破損、2階窓ガラスの網戸が外れ、園庭に落下しました。調理室の被害も大きく、壁に亀裂が入ったほか、食器消毒保管庫が倒れ、食器が破損。また、冷凍冷蔵庫の温度調節にも不具合が発生しました。

冷蔵庫、テーブル 殺菌庫が大きく移動

園舎の外壁、コンクリートのたたきなどにひび割れが発生し、保育室やホールのサッシ戸が外れて倒れました。調理室も床と壁にひび割れができたほか、冷蔵庫、テーブル、殺菌庫が大きく移動しましたが、壊れることはありませんでした。

園の設備よりも 水道関係に深刻な打撃

調理室の器具や機器の破損はありませんでしたが、園舎の壁に浅い亀裂が入ったほか、園庭にも四方八方に亀裂が入りました。深刻だったのが水道関係で、浄化センターが津波で壊滅したため、排水がどこに流れていくかが不明で、園周辺の下水道もあちこちで破壊されました。

園内から園外を撮影した写真。こんな景色が、子どもたちの目の前に、広がっていました

園は無事だったが、周囲が全壊し、陸の孤島に

園は高台にあったので大丈夫でしたが、その周辺が全壊。水道、電気を使うことができませんでした。また、陸の孤島になってしまったため、アメリカのヘリコプターが来て、支援物資をいただくなどしました。

発災直後、子どもたちにどんな食事を提供しましたか？

年長組の作ったクッキーをみんなで食べた

当日は、たまたま年長組がクッキングした手作りクッキーがあったので、それをみんなでヨーグルト飲料と一緒に食べました。

当日食べる予定だったおやつや、おにぎりを作って提供した

揺れが大きかったので、近くの漁村センターに避難しました。その後、一旦保育者が園舎に戻り、当日食べる予定だったおやつや、在庫であったおやつを集め、避難所で食べました。夜には、園にあったお米を提供して、地域住人とおにぎりを作り、一緒に食べました。

避難所で支援物資のおにぎりをいただいた

当日は全員で近所の小学校に避難。夜も避難所に残った子どももいましたが、22時頃に支援物資が入り、おにぎりを食べました。ただし、少量だったので、まだ起きている人たちで分け合ったのが実状です。

備蓄していたクラッカーや当日のおやつを少しずつ食べた

保護者が迎えに来られなかった子ども、迎えに来ても帰れなくなってしまった親子、避難してきた近隣の地域住民と職員の100名ぐらいが一夜を明かし、備蓄していたクラッカーや、当日のおやつとして用意していたパンプディングを分け合って食べました。

発災直後、食事提供をしましたか？

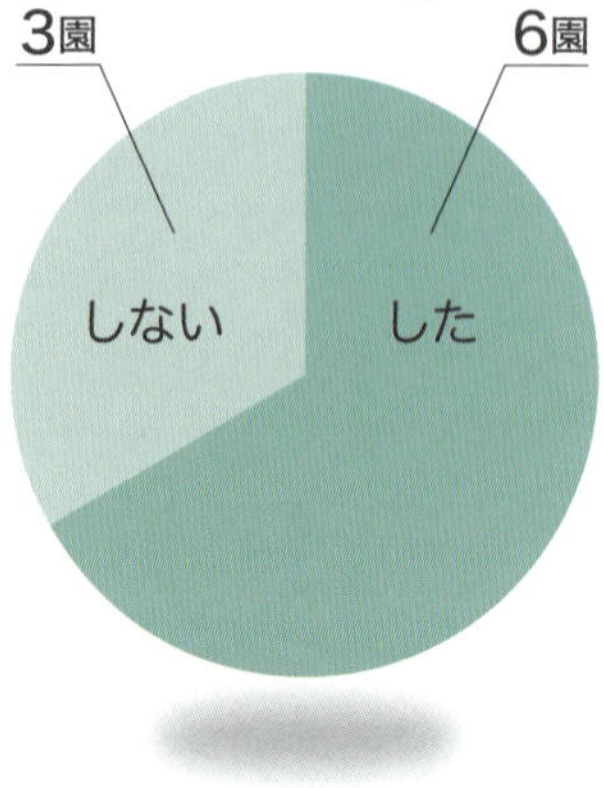

揺れが収まったあとは、避難所に避難した園、保護者の引き取りを待った園と様々でしたが、引き取りまでに、園から子どもたちに食を提供した園は約6割。被災直後には、食べるものが必要なことがわかります。

おにぎり配送準備（大船渡市役所）

園再開後の食事提供では、どんな悩みがありましたか？

食材納入業者が被災して食材が手に入らない

食材が入ってこなかったため、内陸に親戚のいる職員に頼んで、とうふや油揚げなどを送ってもらい、みそ汁の具にしました。また、避難所から提供してもらう物資を毎日チェックし、翌日はどうするかを考えながら過ごしました。

簡単なメニューしか出せなかった

取引業者も被災していたので、近くのスーパーで買えるものを購入。汁物などの簡単なメニューから提供しました。そのことは、おたよりで知らせることで家庭には承知してもらいました。冷凍のコロッケやパンなどの支援物資もいただきましたので、調理して子どもたちに提供しました。

水もなく電気も使えなかった

水もなく、電気も使えませんでした。井戸水が出るところからポリタンクで水をいただき、前日にガスで沸騰させて、翌日にみそ汁を作りました。本当は殺菌した容器がよいのですが不可能なため、紙コップを使って食べてもらいました。

食材の工夫で子どもの心を和ませる

大きな災害のあとで、子どもたちが不安で神経質になっていました。そのため、子どもの心を和ませられるように、型抜き器を使ってにんじんや大根を花の形にするなどして、少しでも楽しんで食事してもらえるように心がけました。

食事提供は、震災後何日目からできましたか？

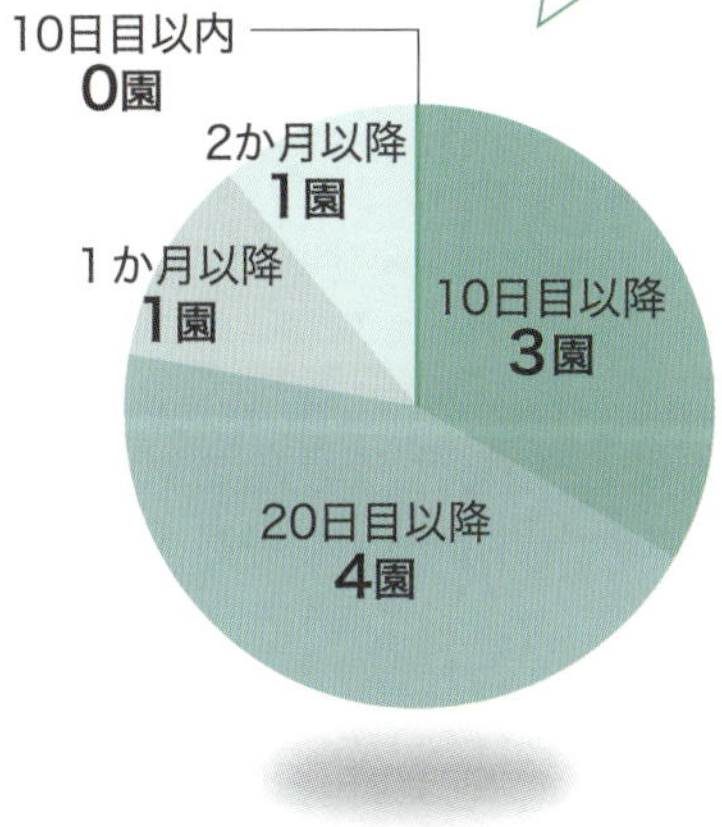

園自体は、3日後から再開できたところもある一方で、10日目以内に食事提供ができた園は1園もありませんでした。2か月以上かかったという園は、水道局からタンクが支給され、6月になってやっと汁物から食事提供ができました。

小さな子どもへの食事対応

災害時は年齢別に調理している余裕がないため、同じメニューを作りました。ただし、小さい子どもの分は別にとっておき、あとからつぶしたり、さらに時間をかけて煮るなどして軟らかくして提供するように心がけました。

東日本大震災を経験したみなさんが、全国の保育者に伝えたいこと

想定外の場では職員の連携が重要

日頃の避難訓練はもちろん大切ですが、大きな災害の場合は、迅速な判断と、職員の連携が重要です。連携がスムーズにいくように、日頃から、職員同士のコミュニケーションをとることが大事だと思いました。

つながりのある園を作っておくことが大事

東日本大震災では、沿岸部が大きな被害を受けました。そのため、食事提供の食材の調達は、内陸から取り寄せることになりましたが、日頃からお付き合いし、つながりのある園を作っておくと、あらゆる面で助かるのではないかと思います。

子どもたちに不安を与えないよう常に笑顔でいること

行動は常に迅速に、テキパキとしなければなりませんが、表情は柔らかく笑顔でいることが大切です。子どもたちが不安にならないよう努めることが一番だと思います。あとは、どんな事態になっても対応できるように、常に訓練してください。

早く着替える、早くくつを履く訓練をしてください

保育者が迅速に動くことはもちろんですが、子どもたちにも、早く着替える、くつを履く訓練は大切です。それを一人でおこなう訓練を心がけてください。

調理担当者は、非常時の調理の訓練を

大きな災害の場合は、電気もガスも水道も止まることが大いに考えられます。園庭にかまどを作る、薪を使う、鍋でごはんを炊くなど、室外で調理する訓練も必要だと思いました。

震災後は、様々な方が食料支援に来てくれ、交流しました。
子どもたちは温かいものを、みんなでおいしく食べることができました。

ご協力いただいた園（五十音順）

- 赤崎保育園（社会福祉法人赤崎愛児会）
- 猪川保育園（社会福祉法人猪川愛児会）
- 大船渡保育園（社会福祉法人台ケ丘学園）
- 盛こども園（社会福祉法人盛愛育会）
- 蛸ノ浦保育園（社会福祉法人蛸ノ浦愛育会）
- 立根保育園（社会福祉法人厚生会）
- 日頃市保育園（社会福祉法人日頃市保育会）
- 末崎保育園（社会福祉法人末崎保育会）
- 明和保育園（社会福祉法人明和会）

2

災害時の「食事」

災害時の食事提供の考え方①

災害が発生した場合、園の食事提供については、「発災後すぐ」と「園再開後」の二つに分けて考える必要があります。

食事提供で考えるべき二つのこと

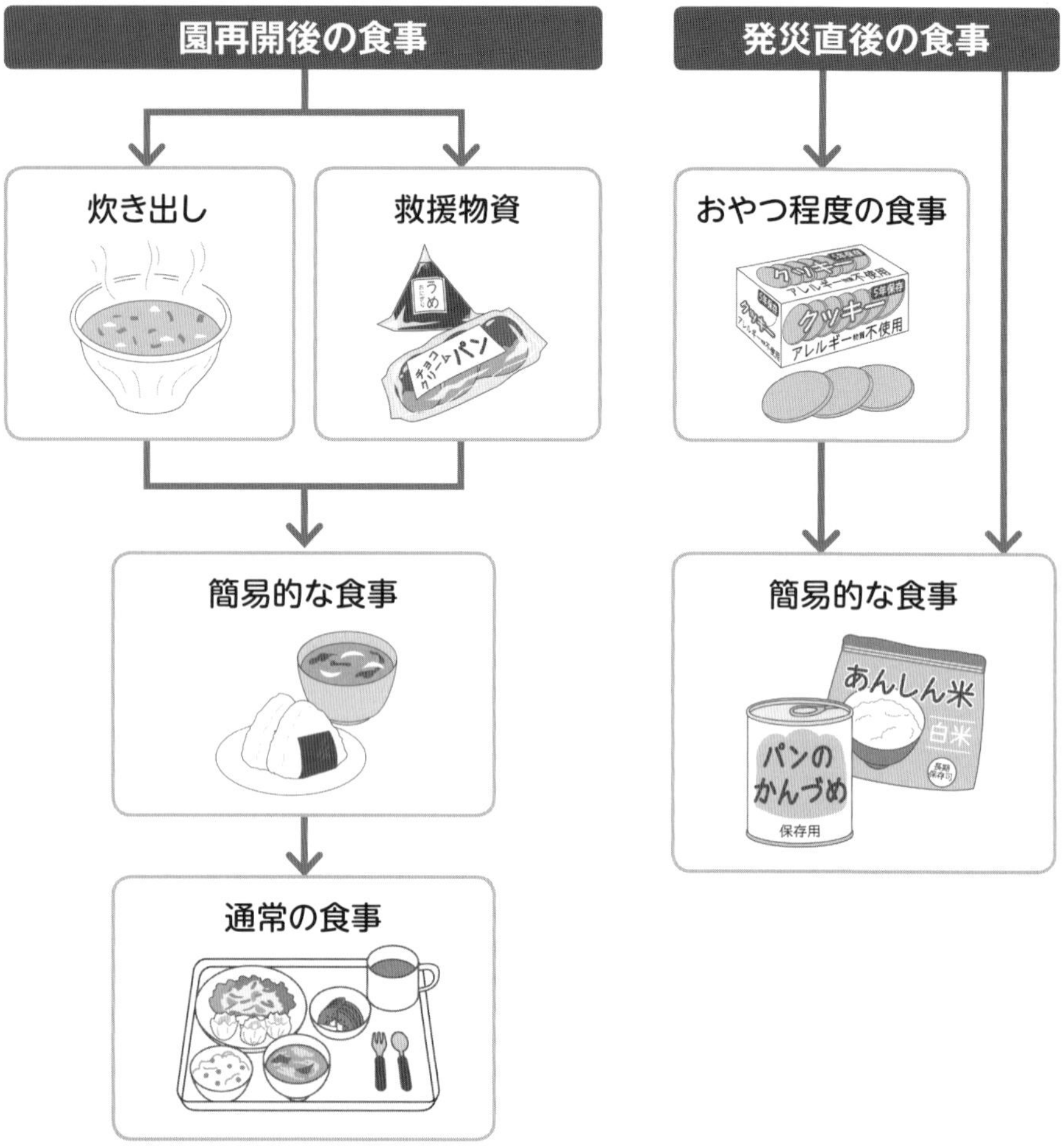

発災直後の食事は、二段階を想定した準備をする

災害が発生した場合の、園における食事提供は、「発災直後（保護者に園児を引き渡すまで）」と「園再開後の食事」の二つに分けて備えます。さらに前者は、二段階に分けて想定しておきましょう。

「おやつ程度の食事」、これが一段階めです。園から出て避難所に避難する場合に、保育者が持ち運べる重さの、軽くてかさばらないおやつが食事代わりとなります。長期保存のビスケット、おせんべいやようかんのほか、その日のおやつ等を持ち運ぶのもいいでしょう。これらは、避難所に行かなくても、子どもの心を落ち着かせるためや、災害対応で保育者の手が足りないときの食事代わりになることもあります。

「簡易的な食事」、これが二段階です。アルファ化米や、開封後そのまま食べられる非常食やパンの缶詰など、調理ができないときに役立つ食事です。食べるのにちょっとした手間がかかりますから、提供は少し落ち着いてからのタイミングになるかもしれません。

CHECK!

- 発災直後の食事と園再開に向けた食事提供に分けて備える
- 発災直後の食事は2段階で準備

「預かり備蓄システム」の活用

あらかじめ、保護者に必要なものを準備してもらい、園で預かる仕組みをつくりましょう。

備蓄品として最少限用意してほしいもの

０～２歳児 避難することを考えて、保育者がまとめて持ち運べるぐらいの小さなポーチがおすすめ

- ●食べもの（液体ミルク・そのまま食べられる瓶詰やレトルトパックの離乳食）
- ●紙おむつ（3枚を圧縮袋に入れる）
- ●着替え（上着とスタイが1回分）
- ●おしりふき（1袋）
- ●マスク（2枚）
- ●ポケットティッシュ（2個）
- ●サバイバルブランケット

３～５歳児 子どもが背負えるぐらいの大きさのリュックサックなどが便利

- ●食べもの（自分で食べられる物、生ものは×）
- ●飲みもの（パックの物やゼリー飲料）
- ●着替え（下着とくつ下を1着分）
- ●携帯用ウェットティッシュ（1個）
- ●マスク（2枚）
- ●ポケットティッシュ（2個）
- ●笛
- ●手袋（子供用軍手）
- ●レインコート

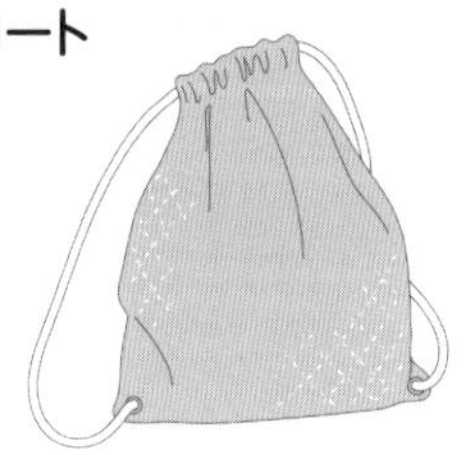

※110頁に保護者への依頼例を掲載しています。

保護者が用意し、園で預かる備蓄

東日本大震災以降、園での備蓄も広がってきましたが、２０１８年に発生した大阪府北部地震では、まだまだ食料備蓄に課題があることが浮き彫りとなりました。実際、備蓄のための予算確保や備蓄品の期限管理、おむつやミルク、離乳食など発達段階に応じて必要なものや、食物アレルギーへの対応は、なかなか難しいのが現状です。そうした問題を解決する一助となるのが「預かり備蓄システム」です。これは、保護者から災害時に必要な子どもの食料やおむつ、下着などを預かるシステム。園で同じ大きさの箱や袋を用意して保護者に渡し、防災用品を準備してもらい、園で保管する仕組みです。

備蓄品は、夏のお休みや年末などには中身の入れ替えをお願いし、休み明けに回収、保管します。長期の休みの際に持ち帰ってもらうので、保存期間の長い非常食である必要はなく、保護者の費用負担も軽くなります。また、園の負担軽減のみならず、保護者の防災意識を高める効果も期待できます。

CHECK!

- ●保護者が用意しやすいように、最小限の物は指定する
- ●訓練で、子どもたちに中身を見せ使わせる

食料の備蓄は何日分必要か？

「おやつ程度の食事」なら1日分を目安に、「簡易的な食事」は3～6日分程度を考えておきましょう。

簡易的な食事／3～6日分

- ペットボトルのお茶・ミネラルウォーター、パックのジュース
- スープ（粉末）
- 粉ミルク
- レトルト
- 缶詰
- 乾物類
- 米
- 乾麺
- 瓶詰

（レトルト～瓶詰）流通備蓄でストック（次頁参照）

- 冷蔵庫の中にあるもの
- 非常食

子どもたちだけでなく、保育者の人数を把握し、必要な量を計算するよう心がけましょう

おやつ程度の食事／1日分

- 液体ミルク
- ゼリー飲料
- パックのジュース
- おやつ（3回に分けて提供）

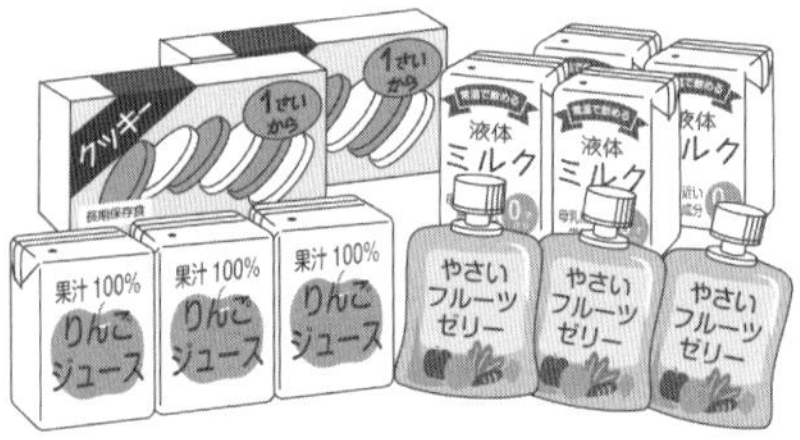

備蓄の場合も、2パターンに分けて考える

「おやつ程度の食事」については35頁の「預かり備蓄システム」を活用しましょう。保育者自身も、ロッカーや机の引き出しなどに自分用の備蓄をしておきます。

「簡易的な食事」については、3～6日分程度の備蓄をおすすめしますが、長期保存できる非常食ですべてをまかなおうとすると、費用や保管場所、賞費期限の管理問題も出てきます。そこで、非常食は1日3食分のみ、残りの2日分（6食）～5日分（15食）は園内にある日常の食材を活用することを考えてみましょう。昼食の前に発災したらその日の生鮮食材がありますし、缶詰、乾物類、調味料、穀類、乾麺なども少しはあるでしょう。これらを使って1章で紹介したレシピを作ってみてください。

まずは園内に、日頃どれだけの食材があるのかを把握しましょう。さらに、日頃から、今日の食材でどんな献立が作れるのか、イメージトレーニングをしておくとよいでしょう。

CHECK!

- 必要量は預かり備蓄、非常食、日常食材を組み合わせて考える
- 保育者の食事も忘れずに計算する

「流通備蓄」による負担の軽減

日持ちする食品を多めにストックし、日々納入される食品と組み合わせ、3～6日分をストックしましょう。

通常使うものを多めに用意し備蓄とする

備蓄をする際に問題となる保管場所や賞費期限、費用負担を軽減する方法として、「流通備蓄」という考え方があります。保護者の引き取りを待つ間、被災地外からの支援がなかなか来ないことも想定されます。「流通備蓄」では、その間の対応ができるように食料をストックします。米などの主食、わかめやひじき、干ししいたけといった乾物、そして豆腐や納豆、チーズなど冷蔵保存のものでも日持ちがする食品を、多めに仕入れておくのです。さらに、日々納入される食材を組み合わせることで、3～6日分の食事をまかなえるようにします。

備蓄品は賞費期限が近いものから消費していき、使った分は新たに購入します。そうすることで、園は常に一定分の食料をストックできます。

通常の食事提供で使うものなので、非常用食料などを特別に買い足すのと違い、費用を抑えることもできます。

「流通備蓄」に適した食材

●**主食**…空腹感を満たす
米（無洗米）、麺類（1～3分程度でゆでられるパスタやそうめんなど乾麺が便利）

●**おかず**…たんぱく質などの栄養素の摂取
卵、総菜の缶詰（魚のかば焼き、ツナ、やきとりなど）

●**野菜・フルーツ**…ビタミン、ミネラル、食物繊維などを摂取し、便秘や風邪を防ぐ
にんじん、玉ねぎ、じゃがいも、大根、野菜ジュース、フリーズドライの野菜、フルーツ缶詰、ドライフルーツ

●**乾物**…ミネラルや植物性たんぱく質の摂取、味に変化をもたらす
のり、煮干し、わかめ、干ししいたけ、ひじき、高野豆腐、ふりかけ

●**調味料**…震災後品薄になっても慌てなくてすむ
塩、こしょう、カレー粉、しょう油、みそ（栄養価が高く、ごはんに混ぜてもよい）、ソース

簡易的な食事の例

キャベツとキュウリの塩もみ、きざみのり、ごまのせ

コーンフレークに果物、ジャム、ヨーグルトをかけたパフェ

コンソメに湯を入れて乾燥野菜と春雨を入れたスープ

常温で固まるかんてんとみかんの缶詰を入れたフルーツゼリー

冷蔵品も流通備蓄

そのまま食べられるので手間がいらず、衛生面も安全。傷む前に使い切りましょう。

●豆腐
●納豆
●チーズ
●さつまあげ
●ちくわ

CHECK!

●園にある食材が災害時の非常食になる
●まず、園にどれだけの食材があるのかを確認する

何を備蓄すればよいか

避難所に持っていく「担任が持ち出す園児用持ち出し品（各クラスごと）」と、園で過ごすための「園全体で必要となる資材」に分けて準備しましょう。

担任が持ち出す園児用持ち出し品（各クラスごと）

避難中に使うもの

- ●地域防災マップ
- ●おんぶひも・抱っこひも
  （避難用に複数人を抱っこできるものもある）
- ●笛
- ●ライト
  （首にかけるタイプまたはヘッドライト）
- ●散歩車
  （故障やパンクなどしていないもの）

避難先で使うもの

- ●園備品の携帯電話
- ●子ども・保護者名簿（緊急連絡先）
- ●関係機関リスト
- ●アレルギー児一覧表
- ●手回し式ラジオライト
- ●応急手当用品（はさみ、ピンセット、ガーゼ、包帯、ばんそうこう、三角巾など）
- ●携帯トイレ
- ●トイレットペーパー
- ●タオル類
- ●アルミブランケット
- ●紙おむつ（預り備蓄以外の予備程度）
- ●ワンタッチテント

食事関連

- ●おやつ（預り備蓄以外の予備程度）
- ●携帯型浄水器
- ●食品用ポリ袋
- ●ゴミ袋
- ●登山用カセットコンロと登山用鍋
- ●おしりふき（ウェットシートの代用品）

乳児クラスは下記も用意

- ●水、ミネラルウォーター
  （粉ミルク用軟水／500mLペットボトル人数分）
- ●ミルク（乳児数×1日分、粉・キューブ・液体など）
- ●使い捨てほ乳瓶・乳首（乳児数×1日分）

備蓄品は目的別に分けて考える

備蓄品は、避難所に行く場合に使う「担任が持ち出す園児用持ち出し品（各クラスごと）」と、そのまま園にいられる場合の「園全体で必要となる資材」に分けて考えます。「担任が持ち出す園児用持ち出し品（各クラスごと）」は、子どもたちが避難所で使うことを目的としたものです。園から離れるので、子ども・保護者の緊急連絡先などが記された名簿は必須ですし、応急手当用品やおむつ、乳児を避難させるのに使うおんぶひもなどをはじめとした「持ち運べるもの」をまとめておく必要があります。

また、「園全体で必要となる資材」は、ライフラインが止まった際に使うガスコンロとカセットボンベ、LED投光器、ランタン、自家発電機、職員間の連絡に便利なトランシーバーなど、一定期間を園内で過ごす際、または園再開時に使用するものです。上記にあげたものは、最低限あるとよいものです。保育者同士でよく話し合い、園に合ったものを加えて用意しておいてください。

CHECK!

- ●避難所に持ち出す「園児用」と園内で使う「資材」に分ける
- ●園の実状に合わせたものも加える

園全体で必要となる資材

救助・ライフライン断絶に備えて

●応急手当用品
●救助工具
●自家発電機
●電池
●ロープ
●拡声器
●台車、リアカー
●LED投光器
●小型テレビ等
●トランシーバー
●ランタン（部屋の数分）
●子どもたちの着替えなどの日用品

あとかたづけのために

●ブルーシート
●ガムテープ（補修テープ）
●ゴム長ぐつ
●掃除道具（ほうき・チリとり・バケツ・廃材などを入れる破れにくい袋、粘着ローラー）
●耐刃手袋と合成ゴム手袋
●マスク
●ゴーグル
●スコップ

衛生用品

●簡易トイレ
●ティッシュペーパー
●ウェットティッシュ
●抗菌・消臭剤
●ウォータータンク（ポリタンク）

食事関連

●水（2L［500mL×4］ペットボトル人数分×6日分）
●食材とおやつ（園児・保育者数×5～6日分）
●ガスコンロ・炊き出しかまど
●カセットボンベ
●調理用品一式（調理用はさみ・まな板など）
●使いきりポリエチレン手袋
●食品用ポリ袋（高密度ポリエチレンの記載があるもの）
●食品用ラップ
●アルミホイル
●保温ポット
●紙コップ・紙皿など使い捨て容器
●はし・スプーン・フォークなど使い捨て食具

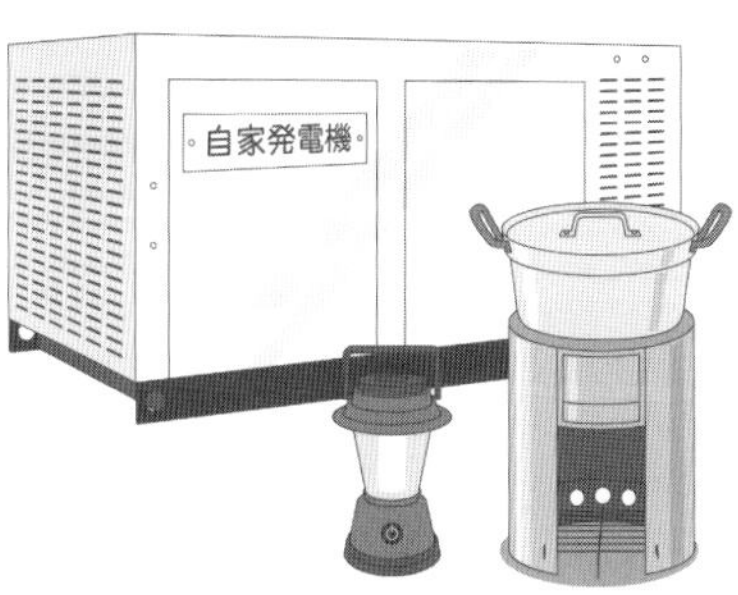

ココにも注目!

保育者個々の持ち出し品の準備

例えば、メガネやコンタクトレンズの予備、歯ブラシセット、生理用品など個人で必要なものは、防災ベスト（釣具店にあるようなポケットがいっぱいあるベスト）を用意し、そこに入れておきます。ふだんは、すぐに取り出せるところに置いたり、座席の後ろにかけたりしておけば、災害時すぐに着て行動できます。

災害時の食事提供の考え方②

園の早期再開に向けた、
食事提供の事前準備をしておきましょう。

食事提供をするための事前対策

- 建物の耐震化
- 食事提供マニュアル
- 災害時の献立
- 食中毒防止対策
- 勤務体制
- 代替施設の検討
- 機器の固定
- 容器の確保
- 食材納入業者のBCPの確認
- 非常設備
- 食材の備蓄
- 訓練
- 地域の食材納入業者リスト作成
- 関係機関との連携

食事提供の早期再開が 園の再開、経営の鍵を握る

災害の「備え」をイメージするとき、保護者に子どもを引き渡すまでの食事の備蓄に重きをおいている園が少なくありません。しかし、災害後、建物は無事で園は再開できるのに、ライフラインの復旧の遅れや食材の確保ができず、食事提供ができないことがあります。

過去の震災では、なんとか園を再開しようと午前と午後に分けて保育を再開した園もありました。昼食前に帰す午前保育と、昼食を自宅または避難所で食べてから登園する午後保育を実施しましたが、子どもが落ち着かず、保護者も仕事に行けずで、負担が大きいものでした。とはいえ、調理室の機材が壊れている、食材もない、調理をするためのガスや燃料、あらゆるものを洗浄する水も調理用水もない、食器も割れている上に、調理のスタッフも集まらないでは、現実的に調理は不可能です。

このことからも、園でもっとも力を入れるべきは、いかに食事提供を早期に再開するかという視点での対策です。災害時の食事提供が園の再開や経営の鍵を握るのですから、事前にしっかりと準備をしておきましょう。

食事提供再開に向けた園全体の動き

食事提供を早期に実現するために、まずは園全体の動きを把握しておきましょう。その上で、食事提供再開に向けての体制を検討します。

保護者に園児を引き渡したあとに園で実施する行動

1 被害調査
- 敷地、建物、設備、室内、ライフラインの被害調査と記録
- 職員及び職員の自宅と家族の被害や安否の確認
- 子どもの自宅及び家族の被害と安否の確認
- 関係機関や行政の被害及び災害対策本部設置の確認

↓

2 あとかたづけ
- 危険物及び障害物の除去、移動、廃棄
- 危険箇所への立ち入り禁止措置
- 破損箇所の応急修理
- 建設業者、設備業者等にライフライン等の修理依頼

↓

3 休園・再開の判断
- 被害状況から休園・継続・限定保育等の判断
- 再開に向けた復旧計画の作成
- 関係者との調整・会議
- 休園中の園児訪問(保護者と園児の心のケア)

↓

4 避難所としてのニーズ把握
- 地域の被害、避難所の状況から園に対する避難所のニーズを探る
- 園児の一時預かりについて保護者からニーズを探る
- 避難所としての受け入れ態勢について行政や関係機関との検討・調整

↓

5 再開に向けた活動
- 通常保育までの計画作成
- **食事提供方針の決定**
- 保育内容の検討
- 地域の復旧状況から安全な通園について検討
- 保護者会にて現状報告
- 職員の通勤状況及び勤務体制の確認

災害時の食事提供の流れ

食事提供に関する内容も、マニュアルに具体的に組み込みましょう。

発災時

- 「預かり備蓄システム」で各自が持っているおやつを食べさせる。
- 引き取りが遅れている子ども、または帰宅困難の子どもに簡易的な食事を提供する。
- 避難所では、配られる食事のアレルギー食材を確認する。

1 被災状況の把握

被災によって、何が使えて、何が使えないのかを一覧で確認できるよう、リストにしておきます。

- 水道、ガス、電気といったライフラインが使用できるかを確認する。
- 調理施設や調理機器などが破損していないか、被災状況を把握する。
- 備蓄食品などが、災害の影響を受けていないかを確認する。

2 提供する食数の把握・献立

食事を提供する人数を把握します。備蓄品にムダが出ないよう、確実に必要な量を確認します。

- 子どもの年齢と人数、保育者の人数を確認する。
- 食物アレルギーの有無、対象者がいれば何のアレルギーなのかを把握する。

3 状況に応じた食事提供の決定

被災状況に合わせた食事提供の方法を定めます。その際、必要な対応をシチュエーション別に考えておきましょう。

防災マニュアルには、食事に関する内容も盛り込む

多くのマニュアルでは、食事提供については、あまり書かれていないことが多いようです。発災時にはどのようなものを提供するのか、園再開時にはどうするのかなど、一連の流れとしてマニュアルに組み込んでおくことをおすすめします。

リスト例

電気	可・否
水道	可・否
ガス	可・否
調理室	全壊・半壊・一部損壊・被害なし
冷凍冷蔵庫	可・否
調理機器	可・否
調理器具	可・否
食器	可・否
備蓄食品	可・否
購入済食品	可・否
備蓄水	可・否

園再開時

- 食事提供が可能な場合
  食材を納入業者から購入できる、または備蓄品を使用できる場合は、できる範囲から食事提供を開始する。
- 食事提供が不可能な場合
  保護者にお願いして弁当を持参してもらうなどの方法をとる。

4 献立・調理

衛生管理の方法を決めておくほか、園再開に向けて、備蓄品で調理可能な献立を、あらかじめ5日分作成しておきます。また、食物アレルギー児への対応も決めておきます。

発災時

- 備蓄品から非常食を提供する。
- 調理室、ライフラインが使用可能な場合は、納品済みの食材を利用した食事を調理、提供する。

園再開時

- 調理室で調理ができて、ライフラインが使用できるならば、通常の手順で調理、食事提供をおこなう。
- ライフラインが使えない場合は、カセットコンロなどを使用し、事前に決めた方法で調理をおこなう。
- 調理師が調理できない場合も想定した、レシピを作成しておく。
- 調理室が使えない場合は、衛生的な調理場所（61頁参照）を探す。

5 食事の配膳・提供

通常どおりにできないことを想定し、あらかじめ決めておきます。

- 保育室やランチルームが使えない場合の提供場所を決定する。
- 食器が使えない場合の提供方法を決めておく。
- 調理師や栄養士以外が盛りつけできるように、レシピに記載しておく。

6 食器・残飯の処理

あとかたづけの手順を決めておきます。

- 食後の食器の回収方法を決定する。
- 食器や調理器具の洗い方、消毒方法を決めておく。
- ゴミ収集がおこなわれない場合の保管場所を定めておく。

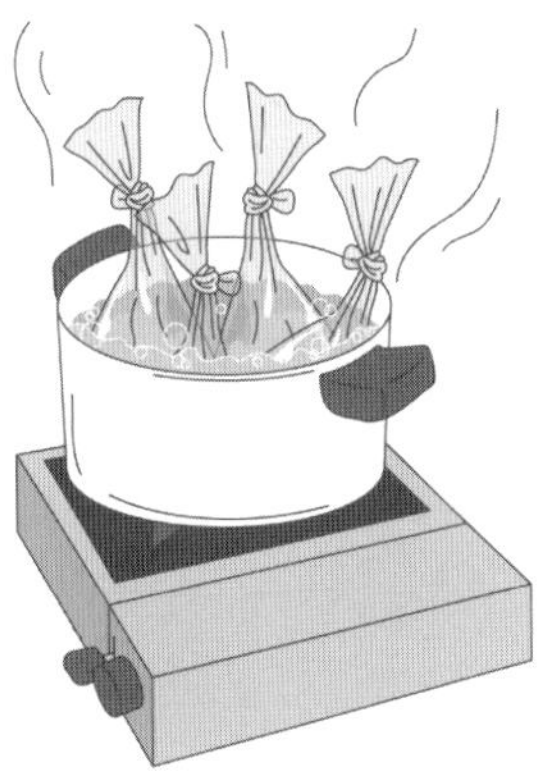

CHECK!

- 食事に関する内容をマニュアルに入れる
- 最悪の状況を想定し、具体的に記載する
- 調理師・栄養士以外の職員が調理・配膳することも想定する

食材納入業者との連携

食事提供を1日でも早く再開するためには、食材納入業者についても考えておく必要があります。

地元の業者とのつき合いを大切にする

災害に備えるには、日ごろ食材を納入してくれている委託業者についても考える必要があります。価格の関係から、遠隔地の業者に食材の納入を依頼している園もあるでしょう。しかし、災害時には交通が遮断され、食料の供給が滞ってしまうことも考えられます。実際、過去の大震災のときも同様のことが起こり、地元の業者に助けられたという話がたくさんありました。

納入業者との関係づくりは、一朝一夕にはできません。ですから、遠隔地の業者から食材の納入を受けている場合は、地元業者とのつき合いも検討してみてください。肉や魚、野菜などは地元の業者から、日持ちする食材については遠隔地の業者から仕入れるのも、防災対策のひとつです。

現在の納入業者の情報を知る

納入業者とは、事前に災害時の支援体制や対応について相談しておきましょう。業者が独自のマニュアルを策定している場合は、園のマニュアルとの整合性を確認してください。

そのほか、いつも配送してくれている

災害時食材発注記録（例）

業者	発注日	発注者	発注内容	備 考	納品予定日	納品日
青果店	7／1	山田	きゅうり10本 トマト10個	キャベツはなかった	7／3	7／4
米店	7／1	山田	米 10kg	無洗米を発注	7／2	7／2

園の近くの納入業者一覧

業者	食材	TEL FAX	住 所	営業時間	休業日	備 考
青果店	野菜・果物	000-000-0000 000-000-0000	○○○○××× ×××△△△△	9:00 ～ 19:00	月	
精肉店	肉	000-000-0000 000-000-0000	○○○○××× ×××△△△△	10:00 ～ 19:00	水	
鮮魚店	魚	000-000-0000 000-000-0000	○○○○××× ×××△△△△	9:00 ～ 19:00	月	
コンビニエンスストア	おにぎり パン お弁当	000-000-0000 000-000-0000	○○○○××× ×××△△△△	24時間	なし	
弁当惣菜店	お弁当 汁物	000-000-0000 000-000-0000	○○○○××× ×××△△△△	11:00 ～ 22:00	なし	
米店	米	000-000-0000 000-000-0000	○○○○××× ×××△△△△	9:00 ～ 19:00	日	

ルートや備蓄品の保管場所も聞いておけば、災害時のリスクを予想することができます。これらのことは納入業者選定時に、あらかじめ要件に入れておくのもよいでしょう。

現在の納入業者以外の仕入れ先を知る

いつもお願いしている業者から納入を受けられない場合の、代替業者も事前に候補をあげておくことが大事です。

代替業者は、野菜や肉、米やパン、牛乳など、食材ごとに整理し、連絡先をまとめておきます。なお、非常時に発注した際は、「どこに」「いつ」「誰が」「何を」「どれだけ」依頼したのかを記録します。それにより重複を避けることができます。

また、日頃から、災害時に食料など必要な物資を入手できる可能性のある業者やコンビニエンスストア、弁当惣菜店、スーパーマーケット等の所在地を確認しておきましょう。地元にある商店街は、身近な「備蓄倉庫」ともいえます。こうした商店を利用し、手に入れることも考えましょう。

CHECK!

- 地元業者からの納入ルートを確保する
- 納入業者や園の近くの代替業者の情報をリスト化する

断水時の調理のコツ

断水時、いかにして食事提供ができるかは、調理道具の使い方で決まります。

できるだけ洗い物を出さない調理や提供の仕方を考える

大規模な災害では、ライフラインは寸断されると覚悟しましょう。東日本大震災でも熊本地震でも、被害の大きい地域では、電気・ガス・水道が使用できませんでした。水が使えなくなると、調理に大きな影響がでます。手・調理道具・食材の洗浄や調理用水と、調理に水は幅広く使用します。ですから、断水時には限られた水で調理をするための工夫が求められます。

ポイントは、できるだけ洗い物を出さないようにすること。包丁を使えばまな板が必要になるため、二つの調理道具の洗浄が必要になります。調理用はさみを使う、ピーラーを使うなど、できるだけ調理道具一つで済ませる方法を考えてみましょう。

材料を洗う、混ぜるなどは、ポリ袋が活躍します。少量の水で野菜をゆでることもできますので、ポリ袋をうまく活用しましょう。日ごろから節水を意識して、習慣にしておくことが大切です。

CHECK!

- 道具をなるべく使わず、洗い物を出さないようにする
- ポリ袋を活用する

断水時の視点

❶ できるだけ洗い物を出さない・調理道具一つで済ませる

ピーラーを使って薄切りする。

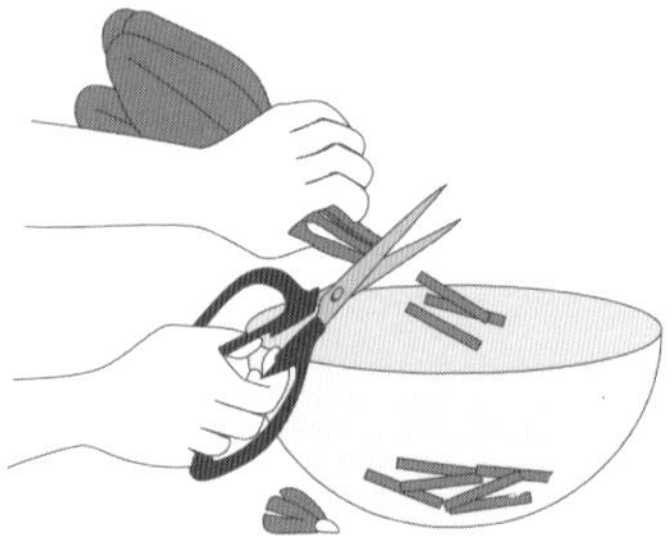

包丁の代わりに調理用はさみを使用。

❷ ポリ袋を活用する

少量の水で食材を洗う。

食材を混ぜたり、もみ込んだりする。

ライフラインの代替品を準備する

電気・ガス・水道が止まる前提で、食事提供をするための代替品を準備しましょう。

ライフラインの代替品

ガス

- 卓上カセットコンロとカセットボンベ
- 発電機と卓上IHコンロ
- バーベキューコンロと炭
- 炊き出しセット
- プロパンガス

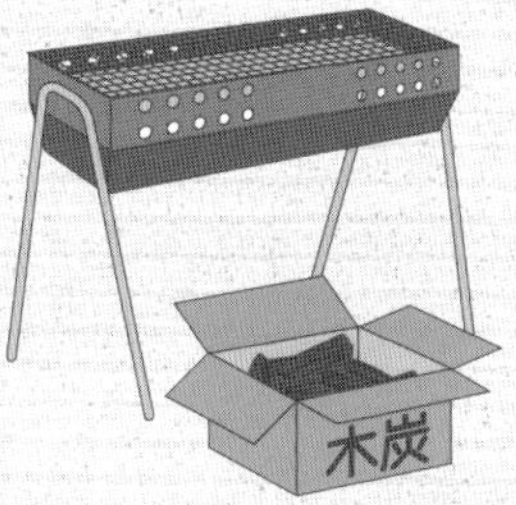

水道

- 浄水器
- ウォーターサーバー（水の宅配）
- 貯水タンク
- 井戸
- 給水所の確認

電気

- 自家発電機
- ポータブル発電機と燃料
- 蓄電池とソーラーパネル

園でのイベントにも使えるものから準備する

調理に欠かせないライフラインは、代替の備えがあると安心です。調理の負担が軽減され、子どもたちにも日常に近い食べ慣れた、おいしい食事を提供することができます。

ライフラインの代替品は、一度に購入することは予算的にむずかしいと思います。運動会やお泊り保育などのイベントでも使えるものから、計画的に準備しましょう。

定期点検などのメンテナンスや燃料が必要なものは、年1回、訓練と合わせて確認しましょう。いざというとき、使えなければ意味がありません。燃料の補充や使用期限の確認も、必ずおこないましょう。

保温調理器具も活躍

災害時には、保温できる調理鍋や水筒・ポット・保温ジャーなどが活躍。沸騰した湯を入れれば、温度が保たれるため、ポリ袋調理（10頁）で使用すれば、カセットコンロ等のエネルギーの節約ができます。

献立をどうするか

献立は、ライフラインや食材の納入状況に左右されますが、ポイントを参考にレシピを考えてみましょう。

できるものから提供していく

ライフラインが復旧せずに園を再開した場合は、園再開から数日間は、おにぎり、お茶、おやつなどを、家から持参してもらってもよいでしょう。もしくは、おにぎりとお茶、パンと牛乳といった簡易個別包装のものを提供します。

ガスの使用や、カセットコンロでの調理が可能で、火が使用できるのであれば、まずおすすめするのが汁物です。温かい汁物は、心身を温め、子どもたちの不安を和らげる効果があります。また、一度に大量に作ることができるため、災害時にはもってこいのレシピです。フリーズドライの食材等も活用し、いろいろなレシピを考えておくとよいでしょう。

災害時には、不足しがちな栄養素もあります。可能な限り上記のポイントを考慮し、子どもの笑顔を引き出せる献立を考えましょう。

献立の考え方の4つのポイント

❶ 食材の視点から考える

- ●賞味期限の近い食材から使う（食材名を記入した付せんを、賞味期限に合わせてカレンダーに貼る）
- ●食材の保管状態、気温等から傷みやすい食材から使う

❷ 調理の視点から考える

- ●熱源の節約や調理師の人数から、短時間で効率的な作業で調理する（カットしなくてよいもの、短時間でできるものなど）

子どもたちと作ると楽しいレシピ例

のりロール

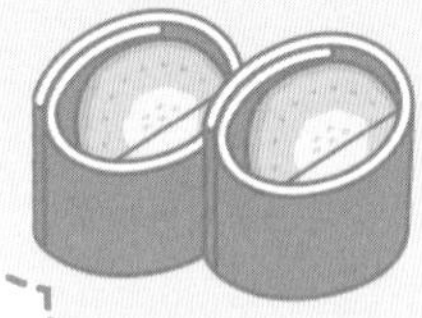

のりにチーズや野菜など、好きな具材をのせて巻く

わかめスープ

昆布茶にわかめを入れ、ごまやフリーズドライのねぎなど好きな具材を入れ、お湯を注ぐ

❸ 季節・気温の条件から考える

- ●寒い日は体が温まる食材を使った料理や温かい汁物、麺類（うどんなど）
- ●暑い日は体を冷やす食材を使った料理や冷たい汁物、麺類（そうめんなど）

❹ 体調・嗜好を考える

- ●被災地での食事は、炭水化物や揚げものが多く、野菜不足の傾向
- ●おにぎり、お弁当、菓子パンなど、同じものが続き飽きる

CHECK!

- ●最初は家から持参してもらうことも考慮する
- ●まずは汁物から提供するのがおすすめ
- ●おやつも忘れないようにする

東日本大震災を経験した猪川保育園（岩手県大船渡市）の2011年4月の献立表

被災翌日3月12日（土）から休園し、26日（土）に卒園式を実施。
翌週28日（月）から特別希望保育を開始した猪川保育園。
4月2日（土）に入園式をおこない、4日（月）から短縮保育を再開しましたが、
当日は、全園児がおにぎり、お茶、おやつを持参しての保育でした。

4がつのこんだてひょう

いかわほいくえん

げつようび	かようび	すいようび	もくようび	きんようび	どようび
日	日	日	日	1日	2日
この度の大災害で被害を受けられた皆様に心よりお見舞い申しあげます。 給食に関しても大変不便をおかけしています。幸い、給食室の被害は少なく　点検・消毒等済ませ　5日からは味噌汁・フルーツ・ちょっとした副菜を出す事ができておりました。 まだ、余震が続き明日また何が起こるかわからない状態です。引き続き以上児は　おにぎり・お茶を各自持参して下さい。（お箸も忘れずに！）					
4日	5日		7日	8日	9日
11日	12日	13日	14日	15日	16日
※　２８日はお誕生会です。主食は保育園で準備します。（以上児さんもご飯はいりません）お茶とお箸を持たせてください。 ※　１８日からの献立に関しては、大きな変更があると思われます。 ※　本来なら入園式にお渡しする予定でした　お祝いのゆべし　を１８日に持たせます。					おにぎり・お茶　持参
18日	19日	20日	21日	22日	23日
豆腐バーグ キャベツサラダ 味噌汁	ウインナーソテー ひじきサラダ 味噌汁	さんまと野菜の煮物 ほうれん草の胡麻和え りんご	麻婆豆腐 かぼちゃの煮物 バナナ	鶏肉の唐揚げ 切干大根の煮物 味噌汁	希望保育
牛乳 せんべい	ジョア ふかし芋	牛乳 なべ焼き	ジョア みそもち	牛乳 クッキー	
25日	26日	27日	28日	29日	30日
イカリングフライ ポテトサラダ 味噌汁	炒り豆腐 キャベツの胡麻サラダ 味噌汁	野菜炒め 揚げシューマイ 味噌汁	誕　生　会	祝　日	おにぎり・お茶　持参
ジョア せんべい	牛乳 ナポリタン	ジョア きなこ団子			

4日は全園児が、おにぎり・お茶・おやつを持参

5日から未満児の主食等すべて、以上児には、みそ汁、フルーツ、ちょっとした副菜を出す

5～15日までの間は、簡単な食事提供が続く

18日から通常の食事提供を再開

災害時に不足しがちな栄養素

食物繊維　切り干し大根、干ししいたけなどを使ったレシピがおすすめです。日常の食事提供から、食物繊維を積極的にとる献立を考えておくと、災害時も役に立ちます。

ミネラル　災害時、手に入りにくい魚介類や野菜に多く含まれるミネラル。子どものおやつ用の小魚は、手軽に食べられおすすめです。

ビタミン　果物から、ビタミンCを摂取します。災害時は、ドライフルーツがおすすめです。ビタミンB_1をとるには、大豆やグリンピースなどの豆類を積極的にとりましょう。

たんぱく質　肉や魚、豆類に多く含まれるたんぱく質が不足しがちになります。ツナやサバの缶詰などを備蓄しておき、食事にうまくとり入れましょう。

3～5歳児への食事対応

3～5歳児は成長の個人差が大きく、食事提供にあたって、栄養の偏りに注意が必要です。

とり入れたい栄養素

βカロテン

βカロテンは、体内でビタミンAに変換され、皮膚や粘膜の健康を維持します。免疫力もあげてくれるので、外部からの菌の侵入を防ぐことにもなります。

おすすめ食材

●にんじん
●ほうれんそう
など

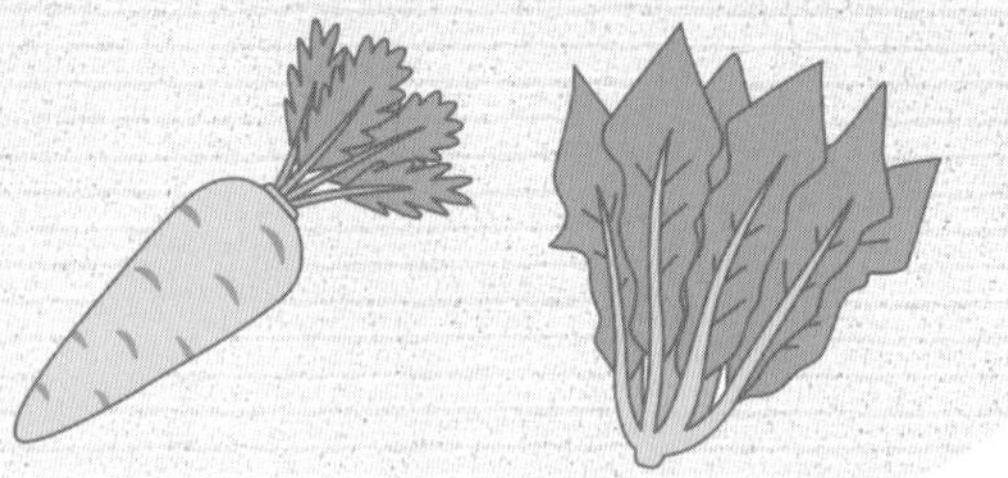

鉄

鉄は、脳や中枢神経の発達に不可欠な栄養素です。不足すると、貧血や疲れやすくなるなどが起こります。特に不足しがちなので意識しましょう。

おすすめ食材

●切り干し大根
●ひじき
など

不自由な中でも
栄養バランスを意識する

この年齢は、食生活の基礎ができる時期です。この時期に災害が起きると、食事の時間が不規則になり、食事内容も大きく変わることから、食生活が乱れる傾向にあります。

またこの年齢は、大人と同じ食事ができるために特別な配慮がなく、大人と同じように栄養が偏りがちになります。だからこそ、災害時といえども、栄養バランスがとれたものを提供しなくてはなりません。

特に気をつけてとり入れたい栄養素は、βカロテン、鉄、たんぱく質、カルシウム。これらは、ふだんの家庭の食事でも不足しがちとされており、被災生活はなおのこと意識して、摂取してもらいたいものです。また、活動量も増えるため、エネルギーの消費量も多くなります。３～５歳児の保育所における給与栄養目標量は、昼食とおやつを合わせて６００Kcal弱となっています。おやつにも、野菜が含まれているものなど栄養を補えるように工夫をしましょう。

CHECK!

●たんぱく質、カルシウム、βカロテン、鉄の摂取を意識する
●制限がある中でも、給与栄養目標量を目指す

たんぱく質

体の構成成分として、もっとも大切な栄養素です。体重1kgあたりのたんぱく質の必要量は、大人よりも成長期の子どものほうが多くなっています。

おすすめ食材

●小魚
●ささみ
など

カルシウム

血液や筋肉、神経、骨や歯に欠かせないカルシウム。充分に提供しているつもりでも、食品によって体への吸収率が違うので注意が必要です。

おすすめ食材

●小松菜
●豆腐
など

ココにも注目!

偏りのある避難所の食事

避難所では、食事が支給されますが、おにぎりや菓子パン、揚げものが多く入った弁当などが主なものです。食中毒を避けるためにも、そのような食事が多いのですが、これらは栄養が偏ります。また、避難所では、支援物資としてのお菓子が、常に食べられる状態になっています。お菓子でおなかがいっぱいになり、食事をとれなくなる子どもも多くいます。さらに、じっとしていることが多く、あまり動きません。このようなことから、肥満につながる心配もあります。災害時ですが、食事はなるべくバランスよく食べ、お菓子を食べることにはルールをつくり、体を動かすことを心がけましょう。

3～5歳児へのおすすめおやつ

小魚スナック
プロセスチーズ

野菜ビスケット
甘食パン

1〜2歳児への食事対応

1〜2歳児は成長の変化が大きく、年齢や成長に配慮した食事が必要です。

災害発生時の離乳食対応

大人用の食事を加工して提供

手に入りやすい大人用の食事を刻んだり、砕いたり、味を薄めたりして提供します。

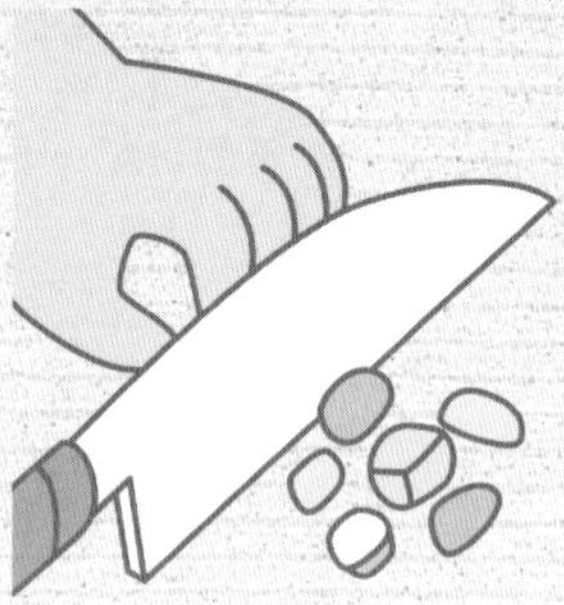

市販の離乳食を食べさせる

開封したらそのまま提供できる瓶詰やレトルトパックの離乳食などを備蓄し、提供します。

火を加える時間を長くして対応する

1〜2歳児は発達に個人差もありますが、もっとも成長の変化が大きく、食事提供に配慮が必要です。しかし、一番入手しにくい食事でもあります。

すぐに食べられる市販の離乳食を備蓄しておく、かぼちゃやにんじんなどを流通備蓄（37頁参照）で常備して、裏ごしして提供できるよう準備しておきましょう。支給されたおにぎりやお弁当などを提供するときは、小さく砕くなどして、誤えんに細心の注意をはらいます。園再開後の調理は、幼児食をさらに軟らかく煮込むなどしてください。

この頃になると、1日に必要な摂取エネルギー量は男の子で９５０Kcal、女の子で９００Kcalです。なお、保育所における給与栄養目標量は約半分ほど。1日のほぼ半分を園でとることを考えると、やはりこの年代の食事提供は、災害時でもできるかぎり配慮が必要です。

CHECK!

- 裏ごしする野菜を常備しておく
- メニューは同じでも、3〜5歳児と比べ、火を通す時間を長くする

園再開後の離乳食への対応

調理時間を長くする

3～5歳児と同じ食事を作るときに取り分けておき、あとから追加で煮込むことで軟らかく食べることができます。

ごはんをおかゆ・おじやにする

ごはんをおかゆにしたり、スープやみそ汁に入れて、おじやにすれば、軟らかく食べられます。

料理をつぶして軟らかくする

できた料理をスプーンでつぶしたり、食品用ポリ袋に入れてつぶすことで、軟らかくして提供します。

ココにも注目! 1～2歳児の災害食で心得ておくべきポイント

①食事作りに時間が必要
離乳食はただでさえ作るのが大変。大人の食事から離乳食にできる、様々な手段を考えておきましょう。

②食事の介助が必要
1～2歳児は一人で食べることが難しい年齢。必ず、介助する人が必要です。

③ボランティアの保育者を募る
自園の保育者が0歳児の対応に追われることもあり、1～2歳児はボランティアにお願いすることを考えてもよいでしょう。

④食具の衛生管理
なるべく使い捨てのものを使用し、通常の食具を使用する場合は、洗浄・消毒をしっかりしましょう。

⑤食事用エプロンやスタイは必須
ふだんの食事同様、必ず用意しておきましょう。洗わなくてすむよう、防水タイプがおすすめです。

⑥離乳食の入手先を調べておく
調理に手間がかかる離乳食は、災害時こそ瓶詰やレトルトがおすすめ。災害時、購入できる場所を調べておきましょう。

1～2歳児へのおすすめおやつ

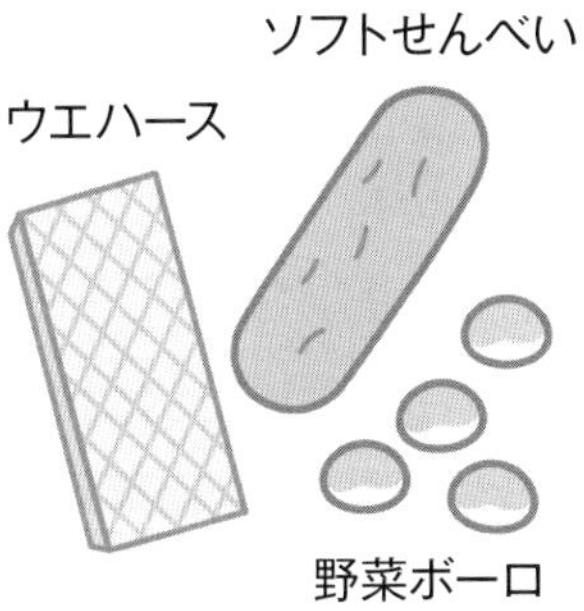

0歳児への食事対応

0歳児にはミルクが必要です。
調乳に必要な準備をしておきましょう。

災害時のミルク作りの注意点

❶ 使い捨てほ乳瓶を使う

災害時は、使用後の煮沸消毒ができないことが多いため、乳首もついた使い捨てほ乳瓶を使いましょう。乳首の使用可能月齢は要チェックです。

❷ 手を消毒する

せっかくきれいなほ乳瓶を使っても、与える人間の手に雑菌がついていたら意味がありません。必ず消毒し、使い捨て手袋を着用してから授乳しましょう。

❸ 沸騰後の湯を使う

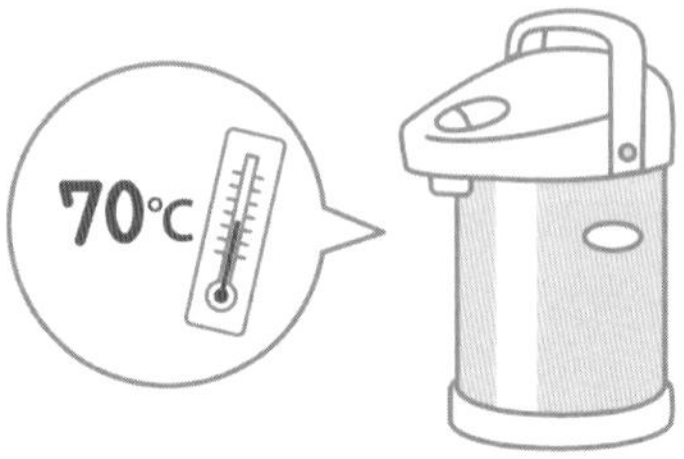

沸騰後の70℃以上の湯を使います。粉ミルクは無菌ではありません。殺菌するためにも70℃以上の湯で調乳しましょう。

❹ 飲み残しは捨てる

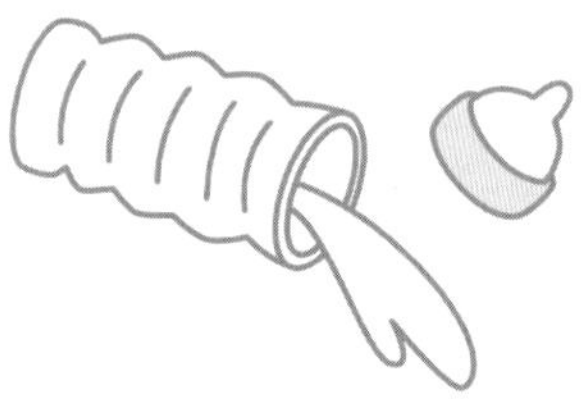

乳児に飲みやすい温度となったミルクは、雑菌が繁殖しやすい環境になっています。飲み残しは、もったいないと思わず、必ず捨てましょう。

湯が使えないときを想定して備える

0歳児の食事はミルクが中心となりますが、災害時は湯の確保にも苦労します。ほ乳瓶の消毒もむずかしいため、使い捨てのほ乳瓶を用意しておきましょう。もし、ほ乳瓶が不足した場合は紙コップでも飲ませることができます。

また、水は軟水を備蓄しておきましょう。硬水だとおなかを壊す恐れがあります。湯が作れないときは、自衛隊など避難所に支援に来ている人に相談しましょう。避難所に、ウォーターサーバーが設置されていることもあります。

粉ミルクは小分け包装やキューブタイプのものが便利です。過去、被災した園では小分け包装のものがなく、多くのムダが出たとの話もあります。常温保存が可能な、乳児用液体ミルクも注目されています（56～57頁参照）。２０１８年に日本においても製造・販売が認められたため、手に入りやすくなりました。まだ抵抗感がある方も多いようなので、事前に試してみることをおすすめします。

CHECK!

- 使い捨てほ乳瓶を充分に備蓄しておく
- 粉ミルクは小分け包装のものが便利
- 液体ミルクも試して、検討してみる

紙コップでのミルクの飲ませ方

調乳の注意

●災害時に支給されるペットボトルの水を使用するときは、赤ちゃんの腎臓への負担や消化不良の恐れがあるため、ミネラル分が多く含まれる硬水を避け、軟水を選ぶ。

●ほ乳瓶の消毒ができず、不衛生な状態で使いまわすと菌が繁殖し、赤ちゃんが感染する恐れがある。必ず消毒するか、使い捨てのほ乳瓶、紙コップを使用する。

●どんなに配慮しようとしても、災害時には充分な対応ができないこともある。下痢やおう吐などを注意深く観察して与え、脱水症状にならないように、水分補給も意識する。

紙コップのふちを口幅に縦1cmに切り、ミルクを半分程度入れ、乳児の下唇を刺激するようにして、少しずつ飲ませる。

乳児が1日に必要なエネルギー量

0～5か月児

男児550kcal

だいたい
140mL×6回

女児500kcal

だいたい
140mL×3回
＋
130mL×3回

6～8か月児

男児650kcal

だいたい
200mL×4回
＋
180mL×1回

女児600kcal

だいたい
180mL×5回

9～11か月児

男児700kcal

だいたい
200mL×5回

女児650kcal

だいたい
200mL×4回
＋
180mL×1回

※ミルクのみの場合。離乳食を食べている場合は、そのエネルギー分をマイナスする。

乳児用液体ミルクを活用する

日本でも乳児用液体ミルクの販売が開始されました。どのようなメリット、注意事項があるのでしょうか。

乳児用液体ミルクのメリット

常温で長期保存可能

紙パックタイプのもので6か月、スチール缶タイプのもので1年間常温保存が可能です。

温度調節が不要

製造時の細菌数がゼロのため、温めずにそのまま飲ませることができます。

水・湯なしで、そのまま飲める

すでに調乳されていて、ほ乳瓶に移せば、そのまま子どもに飲ませることができます。

乳児用液体ミルク使用時の注意点

高温下で保管しない

高温下での保存は成分が変質する恐れがあるので、必ず常温保存しましょう。

期限と破損を確認する

容器が破損していたら汚染されているかもしれません。使用前に必ず確認しましょう。

飲み残しは使用しないこと

栄養豊富なため、開封後は細菌が繁殖しやすい環境になります。飲み残しは捨てましょう。

※参考：日本小児科学会「乳児用調整液体乳（液体ミルク）の使用に関しての注意点」

長期間保存可能、そのまま飲ませられる

　２０１８年に法令等が改正され、日本においても国内での乳児用液体ミルク（乳児用調製液状乳）の製造・販売が可能となりました。これを受け、２０１９年３月から江崎グリコが「アイクレオ赤ちゃんミルク」を、４月には明治が「ほほえみ　らくらくミルク」を、それぞれ発売しました。

　乳児用液体ミルクのメリットは、常温で長期間の保存が可能であり、湯を沸かさずにそのまま飲ませられることです。これまでも、災害への備えとして注目されており、東日本大震災や熊本地震、北海道胆振東部地震でも、乳児用液体ミルクが海外から支援物資として届けられています。しかし、使い慣れないことや、海外製であることなどから敬遠される場合も多く、あまり活用されてきませんでした。

　今回、日本における乳児用液体ミルクの製造・販売が解禁されたのを受け、様々な自治体が備蓄を表明し、購入を始めています。

日本製の乳児用液体ミルクの使い方（2019年5月現在）

「ほほえみ　らくらくミルク」明治

スチール缶だから耐久性にすぐれ、密封性が高い

【内容量】
240mL
【保存期間】
製造日から1年

写真提供：株式会社明治

① 缶に汚れ、破損がないか確認。

② 缶の口を清潔にする。

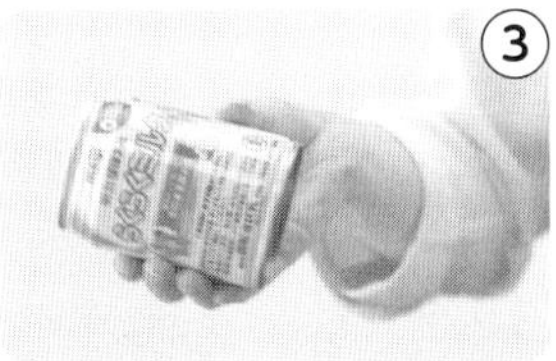

③ 缶をよく振ったら、ふたを開ける。

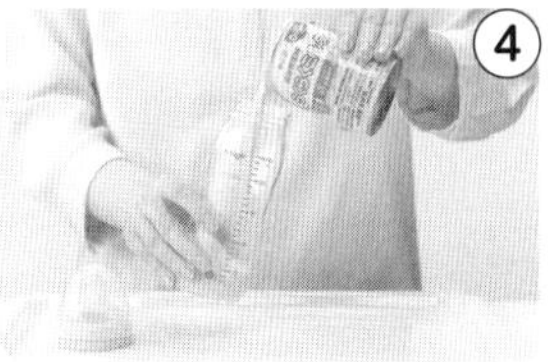

④ 清潔な容器に移し替える。

「アイクレオ赤ちゃんミルク」江崎グリコ

紙パックだから軽量で、ゴミが少なくすむ

【内容量】
125mL
【保存期間】
製造日から半年

写真提供：江崎グリコ株式会社

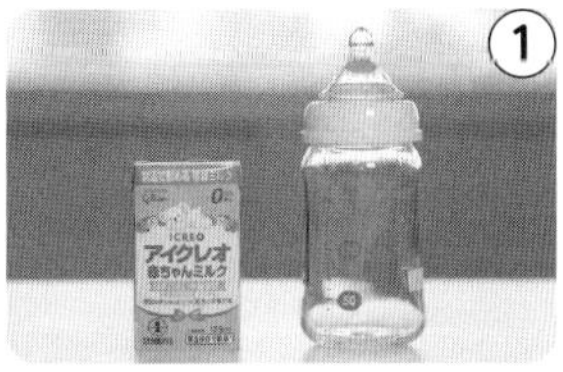

① 消毒したほ乳瓶を用意。

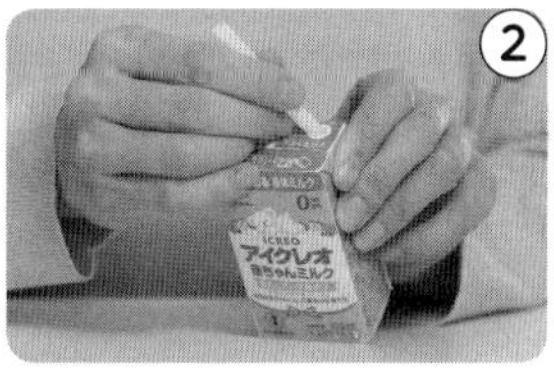

② ストローのストッパー部分が隠れるように挿し込み、手前に少し戻して、穴をふさぐ。

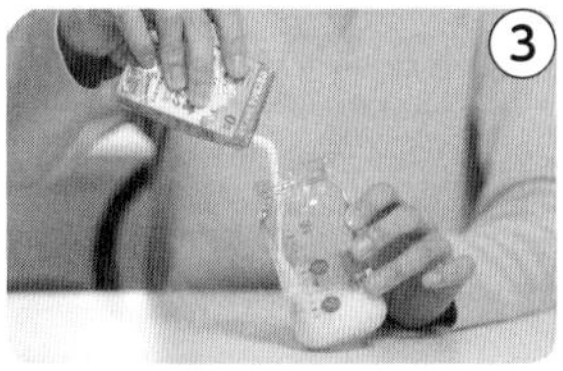

③ ストローを曲げて、赤ちゃんミルクをほ乳瓶に注ぐ。

④ ほ乳瓶に乳首をつける。

CHECK!

- ●常温で長期間保存が可能
- ●調乳せずに、そのまま飲ませることができる
- ●事前に試してみるのがおすすめ

栄養組成は調乳後の粉ミルクと同じ

乳児用液体ミルクは、粉ミルクと同じく「母乳代替食品」とされています。栄養組成は、調乳後の粉ミルクと同じ。政府も、乳児用液体ミルクの普及に向けた取り組みを展開しています。

メリットが多い乳児用液体ミルクですが、いくつか注意点があります。開封後はすぐに使用し、飲み残しを与えてはいけません。月齢によってはムダが出ますし、また、粉ミルクと比べて割高であることを考えると、備蓄することに躊躇《ちゅうちょ》する園もあると思います。しかし、災害時に使用することを考えると、デメリットとまではいえません。

ふだん使い慣れないものを、災害時に急に使うことが不安ならば、事前に試しておくとよいでしょう。

また、液体ミルクを使用するとしても、ほ乳瓶は必要になりますので、使い捨てのほ乳瓶も、セットで用意しておきましょう。

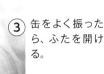

食中毒を避けるために

衛生環境が悪化している災害時は、食中毒が発生しやすくなります。食中毒予防の三原則を徹底して、安全な食を提供しましょう。

災害時の食中毒予防の三原則

❶ 菌をつけない

食べものにさわるときは、必ず手を洗い、使いきりポリエチレン手袋を着用しましょう。汚れた手や傷がある手では、絶対食べものにふれてはいけません。

❷ 菌を増やさない

調理されたものは早く食べて、常温で長時間放置することのないようにします。10℃以上60℃以下は、食中毒の細菌が増えやすく、36℃前後がもっとも増える温度です。

❸ 菌をやっつける

調理の際は、中心までしっかり加熱して、すぐに提供します。使用した調理道具は、洗浄し、熱湯や消毒剤などで消毒することが大切です。

三原則を必ず守って調理を進める

災害時は、断水や停電、さらには建物の倒壊などによって、施設が充分に使用できないことがあります。衛生環境が悪化することで、食中毒の発生率はあがります。そのため、食中毒予防の三原則をしっかり守って調理をしましょう。

まずは、細菌をつけないこと。食中毒を起こす細菌は、魚や肉、野菜などに付着していることがあり、これらが手や指、調理道具を介して調理中の食べもの中に入って、食中毒の原因となることがあります。必ず、食材にふれる場合は使いきりポリエチレン手袋を着用しましょう。

ただ、食品に付着した細菌の数が、食中毒を起こすまでの量まで増えなければ、食中毒は起こりません。細菌は、時間の経過とともに増えていきますので、調理後は迅速に食べることが大切です。

また、食中毒を起こす細菌は熱に弱いものが多く、しっかり加熱をすれば、菌は消滅します。ただし、加熱が不充分で菌が生き残ってしまった場合、菌はどんどん増えていきます。

園では食中毒対策について、常に心がけていると思いますが、災害時はよりいっそうの注意が必要です。

災害時の手洗い

水が充分に使えない場合

ウェットティッシュでていねいにふいたり、消毒用スプレーなどを手につけたりして、清潔にする。

手洗いのタイミング

- ●トイレやおむつ交換のあと
- ●調理の前
- ●肉・魚介類・卵を扱ったあと
- ●食事の前
- ●救助・復興作業のあと

ココにも注目! 食中毒を招く主な要因

■細菌

- ●腸炎ビブリオ／魚介類やその加工品
- ●サルモネラ属菌／食肉や鶏卵、その加工品
- ●腸管出血性大腸菌／牛の生肉、飲料水、牛乳、野菜など
- ●カンピロバクター／主に鶏などの肉類

■毒素

- ●黄色ブドウ球菌／穀類（おにぎり等）やその加工品。手指の洗浄不足

■ウイルス

- ●ノロウイルス／カキやホタテなど二枚貝。充分に加熱調理されていない食べもの

手を清潔にすることを徹底する

調理をする際は、まず手を清潔にすることを第一に考えなければなりません。園の栄養士や調理師の方なら当たり前のことですが、災害時は調理員がそろわないこともあり、保育者も調理に加わることが考えられます。子どものおむつ替えや、トイレの介助後はもちろんですが、調理に携わる前には、必ず手洗いをしましょう。

また、断水して清潔な水の確保がむずかしい場合は、ウェットティッシュや消毒用スプレーなどを準備しておき、手を清潔にしておきましょう。水が使えない場合の備えは重要です。食事提供マニュアルに、食中毒防止のための対応策をしっかり明記しておきましょう。

CHECK!

- ●食中毒予防の三原則を守る
- ●水が使えないことを想定した準備をする

肉や魚を扱うときの注意点

取り扱い後、必ず手洗いをする

肉や魚介類、卵には多くの菌がひそんでいます。そのつど洗うようにしましょう。

生で食べるものや調理済みの食品に、肉や魚の汁がかからないようにする

肉や魚の汁には、食中毒の原因になる細菌が付着している可能性があります。気をつけましょう。

肉や魚を切ったあとの包丁、まな板は熱湯殺菌する

調理道具が不衛生なことによる食中毒発生も大いに考えられます。熱湯や消毒剤で必ず消毒しましょう。

調理をする人は、身支度を整える

肉や魚の調理に限ったことではありませんが、マスク、使いきりポリエチレン手袋、エプロンを必ず着用しましょう。体調不良の際の調理はNGです。

肉や魚を扱うときは充分に配慮する

手を清潔に保つことができても、食材を介して食中毒が発生する場合は多くあります。特に、肉や魚介類を使う場合は注意が必要です。肉を切る前、切ったあとなど、食材を扱うたびに、手洗いをしてください。また、肉や魚を切る際に使用した包丁やまな板は、消毒するか熱湯で洗い流します。ただし、災害時はそれらがむずかしい場合もありますから、包丁やまな板は、肉用、魚用、野菜用とそれぞれ分けて使うのが理想です。紙パックを開いて、まな板として使用するのも一案です（牛乳アレルギーのある子の調理に、牛乳パックは使用できません）。使用した紙パックは、捨てましょう。

調理道具を洗う際に使用するスポンジやたわしなども、使ったあとすぐに流水でよく洗いましょう。ふきんなどは、煮沸消毒ができればなおよいです。

ふだんもそうですが、調理の際は、マスク、使いきりポリエチレン手袋、エプロンを必ず着用しておこないましょう。少しでも体調に不安がある場合は、調理をおこなわないことが鉄則です。

調理時に注意すべきポイント

●料理道具の破損を確認

ひび割れや欠けている部分がないか、確認します。

●調理可能な場所の確保

下記の条件に合った場所を確保します。

室内の場合

- ●ほこりが飛んでこない
- ●直射日光が当たらない
- ●高温多湿ではない

室外の場合

- ●地面に直接ふれない
- ●水たまりなどの汚水が入らない
- ●土砂やほこりが飛んでこない
- ●直射日光が当たらない

室内で調理できない場合も想定する

料理に細菌や異物が混入しないようにするには、使用する調理道具もしっかり確認しなければなりません。破損や欠けたところがあった場合は、食中毒の原因になるため使用を避けましょう。

調理室や園の室内が使用できる場合は、なるべく涼しい、ほこりなどが飛んでこない清潔な場所を選びます。被災して室外で調理しなければならない場合は、風が吹いてもほこりや土が飛んでこない場所を選びましょう。室外の場合、水たまりなどが周囲にあると、水がはねて食材が汚染される場合があります。また直射日光が食材に当たると、食材が腐りやすくなります。注意しましょう。

ココにも注目!

停電の際の冷蔵庫の使用方法

冷蔵庫は、できる限り開ける回数を少なくし、庫内の温度を保てるようにしましょう。食材が残っている場合は、みそ汁や鍋、麺料理の具材などにして必ず火を通して、早めに使いましょう。

食事の提供時と食べるときの注意

清潔な手で提供する

ここでも手洗いは大事です。
子どもたちへの提供前は、
必ず手を洗います。

調理後、できるだけ早く提供する

細菌が増えないように、
できるだけ早めに提供しましょう。

提供されたものは、できるだけ早く食べる

10℃～60℃が菌が増えやすい温度です。温かいものは温かいうちに、
冷たいものは冷たいうちに食べましょう。

少しでも異常を感じたものは食べない

においや見た目など、ちょっとでも
あやしい場合は、思い切って捨てる
決断をしましょう。

残したものは捨てる

残ってしまったものは、食中毒の
原因になる危険性が高まります。
調理後2時間が過ぎたら、
もったいなくても捨てます。

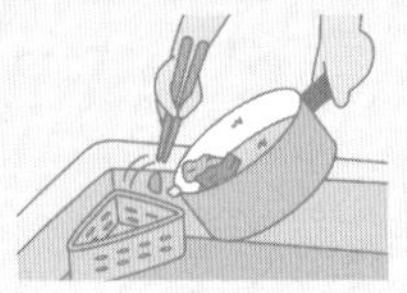

すばやく提供し すばやく食べる

災害時の調理で冷蔵庫が使用できない場合、夏場は特に、気温や湿度があがり料理温度管理が困難になります。調理から2時間経過すると、細菌の数が大幅に増えている可能性があるので、避難所などの炊き出しやおにぎりなどは、調理後すばやく食べましょう。

　過去の災害では、炊き出しで作った鶏肉の煮込み料理や支援物資として届いた手作りおにぎりで、食中毒が発生しています。食べものを口にする際は、いつ作られたものなのかをしっかり確認するようにしましょう。

　また、食材の入手が困難であることや、せっかく作ったのだからもったいないという思いから、調理したものをとっておく人がいます。これは大変危険です。料理は残らないように作り、余りのないように提供するのが一番ですが、残ってしまった場合は、潔く捨てることも、食中毒を防ぐ手段です。

3

食物アレルギー児への対応

食物アレルギーとは

災害時の食物アレルギー対応

食物アレルギーをもつ子どもへの食事提供

アレルギー症状が発生したときの対応

食物アレルギー児のための備蓄

食物アレルギーとは

食物アレルギー児は、年々増える傾向にあります。
まずは、食物アレルギーについてもう一度確認しましょう。

食物アレルギーの原因食物

特定原材料7品目（表示義務あり）

- 卵
- 乳
- 小麦
- 落花生（ピーナッツ）
- エビ
- カニ
- そば

特定原材料に準ずるもの20品目

- あわび
- イカ
- イクラ
- オレンジ
- キウイフルーツ
- 牛肉
- くるみ
- さけ
- さば
- 大豆
- 鶏肉
- バナナ
- 豚肉
- まつたけ
- もも
- やまいも
- りんご
- ゼラチン
- ごま
- カシューナッツ

■加工食品の表示例

品名	クッキー
原材料名	小麦、砂糖、ショートニング、バター、鶏卵、卵黄、植物油脂、食塩、膨張剤、香料、乳化剤（大豆由来）、着色料（カロテン）

アレルギーの原因となる食品を知っておこう

乳幼児期では、十人に一人は、何らかの食物アレルギーをもっているといわれている時代です。アレルギーの原因となる食物は、鶏卵、牛乳、小麦が圧倒的に多くなっています。全体の約70％が、これらの食べもので占められていますが、ほかにも上記のように、様々なものがアレルゲンとなっています。

２０１５年に「食品表示法」が施行され、容器包装された加工食品における特定原材料表示が義務づけられているものは、卵、乳、小麦、落花生、エビ、カニ、そばの7品目です。さらに、特定原材料に準ずるものとして、20品目の表示が推奨されています。

災害時、食物アレルギー児に支援物資から食事を提供する場合は、まず表示をきちんと確認することが大切です。

食物アレルギー原因物質

「平成27年度　食物アレルギーに関連する食品表示に関する調査研究事業報告書」（消費者庁）より

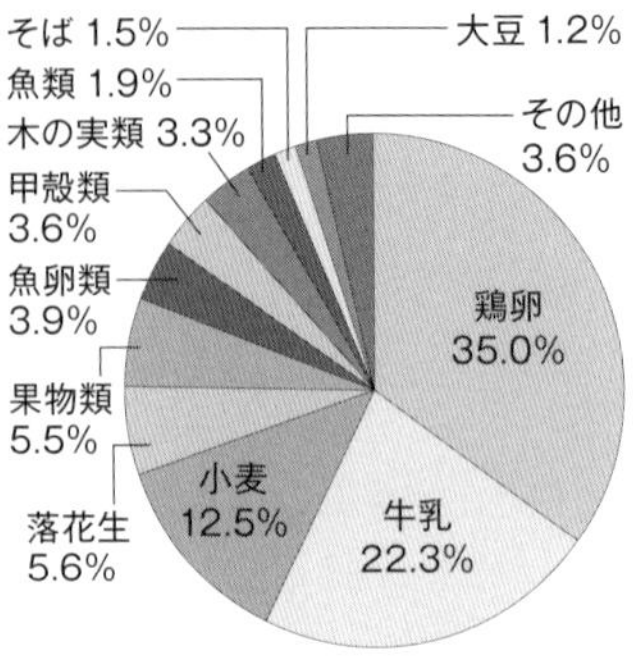

災害時の食物アレルギー対応

災害時は非常に混乱するため、アレルギー児への対応はよりいっそうの気配りが必要となります。

ひと目でわかる工夫を

災害時には、子どもが多くの人と接しますが、食物アレルギー児だと気づかれない可能性もあります。そのため、災害時に備えて災害時アレルギー児一覧表を準備し、食物アレルギー児の胸に貼る「食べられません・卵」などと書いたシールや名札を作っておき、ひと目でわかるようにしましょう。

災害時アレルギー児の対応

●胸にシールやワッペン、名札などをつける

<例>

メイト 太郎　　4歳

食べられません

卵

①緊急時は救急搬送してください
　エピペンあり
②母携帯　000-0000-0000
③○○○病院　○○医師
　電話000-000-0000
④園長携帯　000-0000-0000
　園電話　000-000-0000

氏名、年齢、
何のアレルギーであるか
などを明記する

●災害時アレルギー児一覧を作る

災害時アレルギー児一覧表の例

名前	アナフィラキシーあり	対象アレルギー 原因食物	対象アレルギー その他のアレルギー	①緊急時の対応 ②緊急連絡先 ③かかりつけ医
〈記入例〉 メイト 太郎	○	(鶏卵) 牛乳 小麦 落花生 そば その他（　　　）		①すぐに救急車を呼ぶ ②母携帯 000-0000-0000 ③○○○病院　○○医師 電話000-000-0000
〈記入例〉 メイト 花子		鶏卵 牛乳 小麦 落花生 そば その他（　　　）	ダニ （くしゃみ・鼻水・目のかゆみ）	①マスクをつける 発作がはじまったら 祖母に連絡 ②祖母自宅 000-000-0000 ③○○病院　○○医師 電話000-000-0000
		鶏卵 牛乳 小麦 落花生 そば その他（　　　）		

＊○しるしが、原因食物

食物アレルギーをもつ子どもへの食事提供

調理の際の注意点、食事提供に対する注意点をしっかりとおさえ、食物アレルギーの事故を絶対に防ぎましょう。

食物アレルギー児のための食事と調理

① ほかの子どもと同じ食事を提供

対象となるアレルギー児の、原因となる材料を使わずに調理します。みんなが食べられるメニューにします。

② 原因となる材料を除去した食事を提供

メニューは同じでも、アレルギー児の食事のみ原因となる材料を除去して調理します。除去食と普通食の調理場所を別にする、食器の形や色を変えるなど区別がつくようにしてください。複数人が調理をおこなう場合は、引き継ぎをしっかりしましょう。配膳時には、取り違えないように注意してください。

③ まったく別の食事を提供

調理者の負担が増えるので、調理工程に無理がないメニュー作りが必要です。②と同様、配膳の際は、普通食とはっきりと区別がつく盛りつけにするなどして、取り違えを防ぎましょう。

アレルゲンとなりうる食材を代替する

アレルギーをもつ子どものための食事は、①ほかの子どもと同じ食事、②原因となる材料を除去した食事（除去食）、③まったく別の食事（代替食）を提供する、という選択になります。ですが、災害時は調理に使うことができるエネルギーや水、調理スペース、人員、食材が限られていることが多く、①を選択するのが現実的です。

その場合、マカロニは小麦アレルギーに対応するグルテンフリーのもの、牛乳はアレルギー用ミルクにするなど、原因物質を除去したアレルギー対応食品を備蓄しておく必要があります。また、最初から特定原材料を使わないレシピを考えて、食材を備蓄しておくという手段もあります。

そのような食品が備蓄できない場合は、主なアレルゲンを使用せずに作ることも検討しておくことをおすすめします。例えば、牛乳を豆乳に置き換える、ハンバーグなどのつなぎに卵ではなく片栗粉を使うなど、知識を蓄えておけば、いろいろなメニュー作りが可能です。その上で、備蓄できるものを用意しておけば、食事提供がスムースになります。

代替できる食材を知っておこう

小麦粉

パンやケーキなど
米粉、おから
など

料理のつなぎ
米粉、片栗粉、
すりおろしたじゃがいも
など

牛乳

クリーム系の料理
豆乳、
すりおろしたじゃがいも、
コーンクリーム缶
など

お菓子
豆乳、ココナッツミルク
など

卵

ハンバーグなどのつなぎ
片栗粉、すりおろしたじゃがいも、
豆腐、みじん切りした野菜
など

お菓子
ゼラチン
など

市販のアレルギー対応食品の例

様々な食品がアレルギー対応として販売されているので、代替しにくいものはあらかじめ備蓄しておきましょう

特定原材料等27品目不使用	卵不使用	牛乳	小麦不使用
●カレーフレーク（ルウ）	●マヨネーズ	●牛乳アレルギー用ミルク	●米粉
●シチューフレーク（ルウ）	●クッキー	●豆乳	●米粉の麺など米粉製品
●ブイヨン			

いつも以上の注意が必要となる

配膳の際、すべての子どもたちに同じメニューを提供する場合は問題ありませんが、もし違うものを提供するときは、いつも以上の注意が必要です。チェックする人が、いつもと違う場合もあるでしょう。通常と同じ流れではありますが、配膳前に取り違えがないか注意深く確認し、保育者は必ず隣に座り、ほかの子どもと食器を間違えたり、ふれたりしないように見守ります。おかわりを準備しているときは、ラップをして子どもの名前を書いておき、取り違えないようにしましょう。管理がむずかしいので、おかわりは用意しないという選択もあります。

災害時は非日常であり、いつもどおりがむずかしくなることがあります。いつも以上に協力し合って、注意をはらいましょう。

CHECK!

- ●アレルギー対応食品の備蓄をしておく
- ●アレルゲンを使わないレシピを考える

アレルギー症状が発生したときの対応

アレルギー症状が発生したときは、どのように対応すればよいのか、しっかりと再確認しておきましょう。

食物アレルギー症状への対応手順

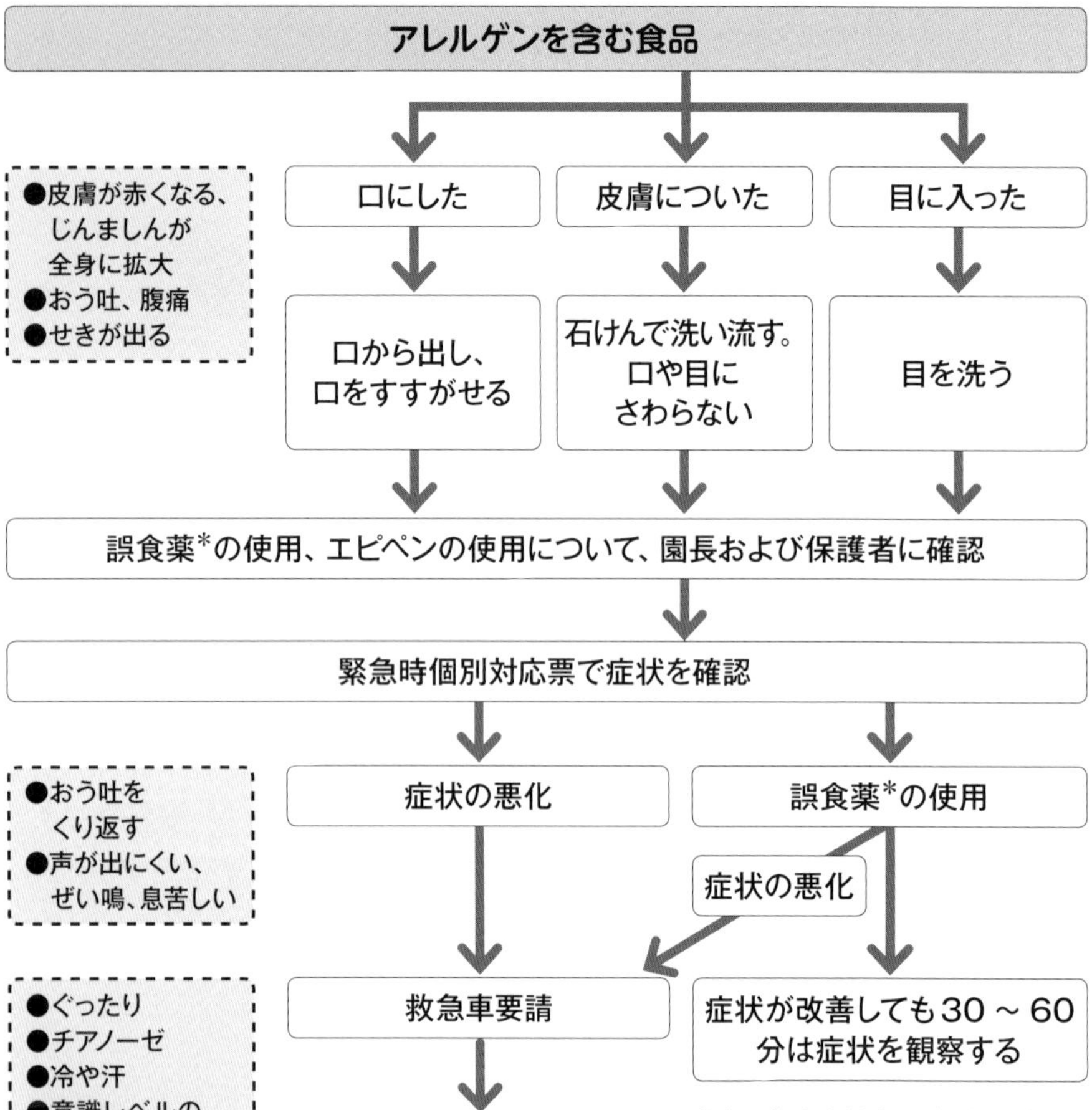
●意識レベルの低下
エピペンの使用

参考：佐倉市健康こども部子育て支援課「食物アレルギーマニュアル」

＊誤食して症状が出現した際に使用する薬。

事前の準備で被害をおさえる

アレルギー症状が発生した場合の対応は、すでにマニュアル化している園がほとんどでしょう。ですが、災害といった緊急時は、そのマニュアルをすぐに手元に出すことがむずかしいかもしれません。園の防災マニュアルにもアレルギー対応を組み込んでおくことを、おすすめします。また、日頃からアレルギーをもつ子どもの緊急時の対応表を整備し、避難時には一緒に持っていくなど取り出しやすくしておくことが必要です。

なお、発災直後は混乱するため、なかなか保護者と連絡をとることができないかもしれません。エピペンは、どのような症状のときに使用すべきかをきちんと知っておき、必要なときにはためらわず使用できるようにしておいてください。エピペンを間違いなく注射するためには、事前に保育者全員が研修を受けておくことがおすすめです。エピペン公式サイトに詳しい説明があるほか、練習用トレーナーの無償貸与をおこなっているので、確認しておきましょう。

CHECK!

- ●防災マニュアルに食物アレルギーへの対応も組み込む
- ●緊急時の個別対応票は避難時に持ち出す
- ●エピペンの使い方を理解する

エピペン使用の判断基準

医師から処方されていて、アナフィラキシーショックを疑う場合、下記の症状が一つでもあれば使用します。

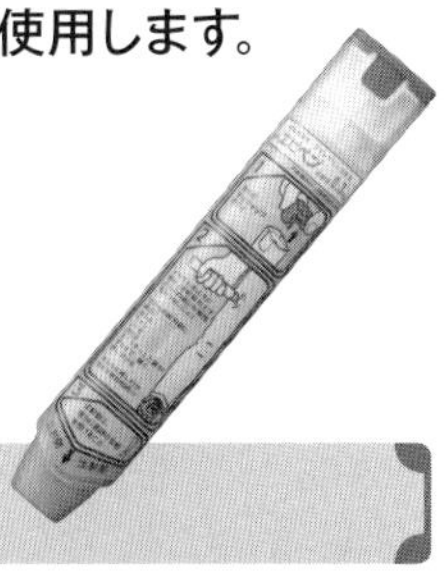

- □ぐったりしている
- □意識がもうろう
- □尿・便をもらす
- □脈が弱い、不規則
- □唇や爪が青白い
- □声がかすれる
- □呼吸がしづらそう
- □ぜい鳴
- □強いせき
- □持続する腹痛
- □くり返し吐く

エピペンの使い方

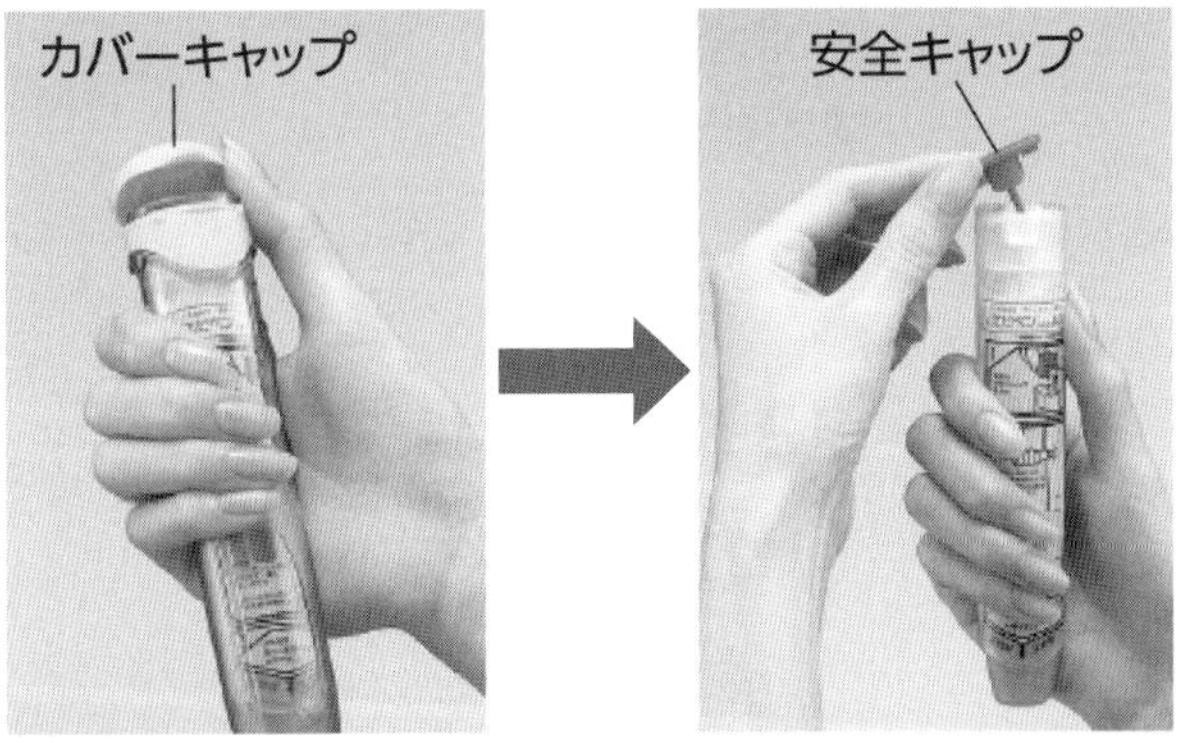

❶ 準備する

携帯用ケースのカバーキャップを開けて取り出し、青色の安全キャップを外しロックを解除する。

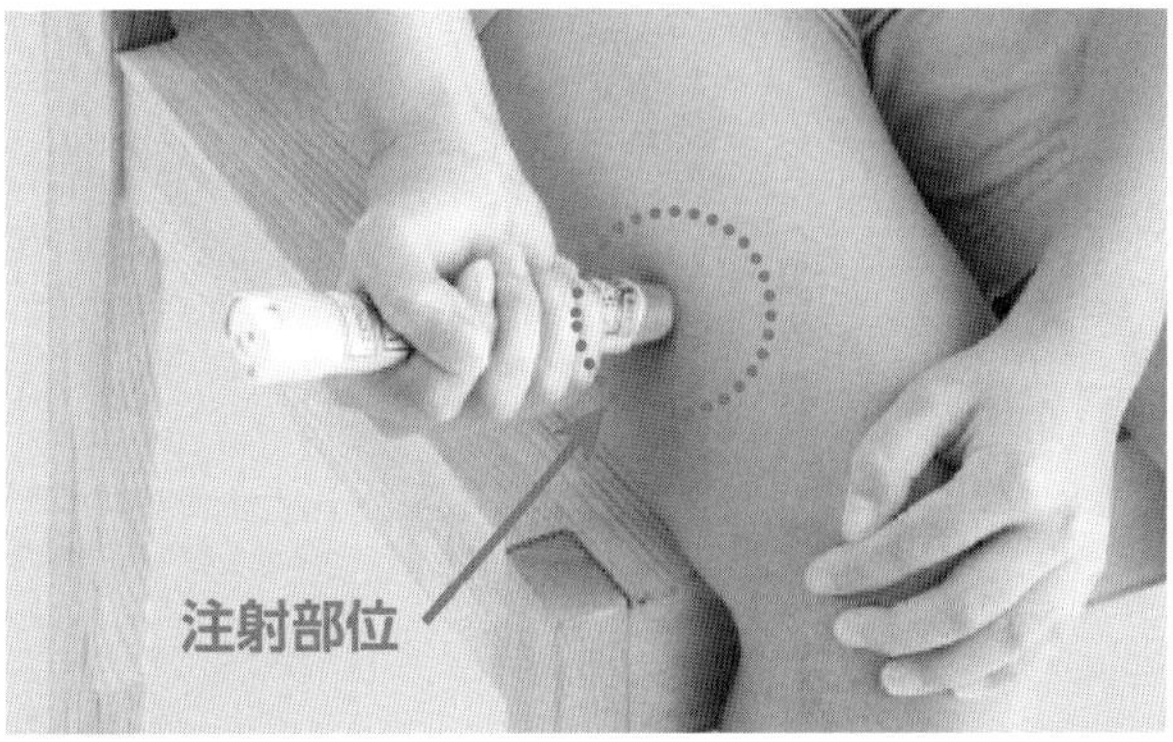

❷ 注射する

太ももの前外側に垂直になるようにし、オレンジ色のニードルカバーの先端を「カチッ」と音がするまで押しつけ、数秒間待ってから抜き取る。その際、エピペンを持たない手で太ももの筋肉をガッシリと握り動かないようにする。

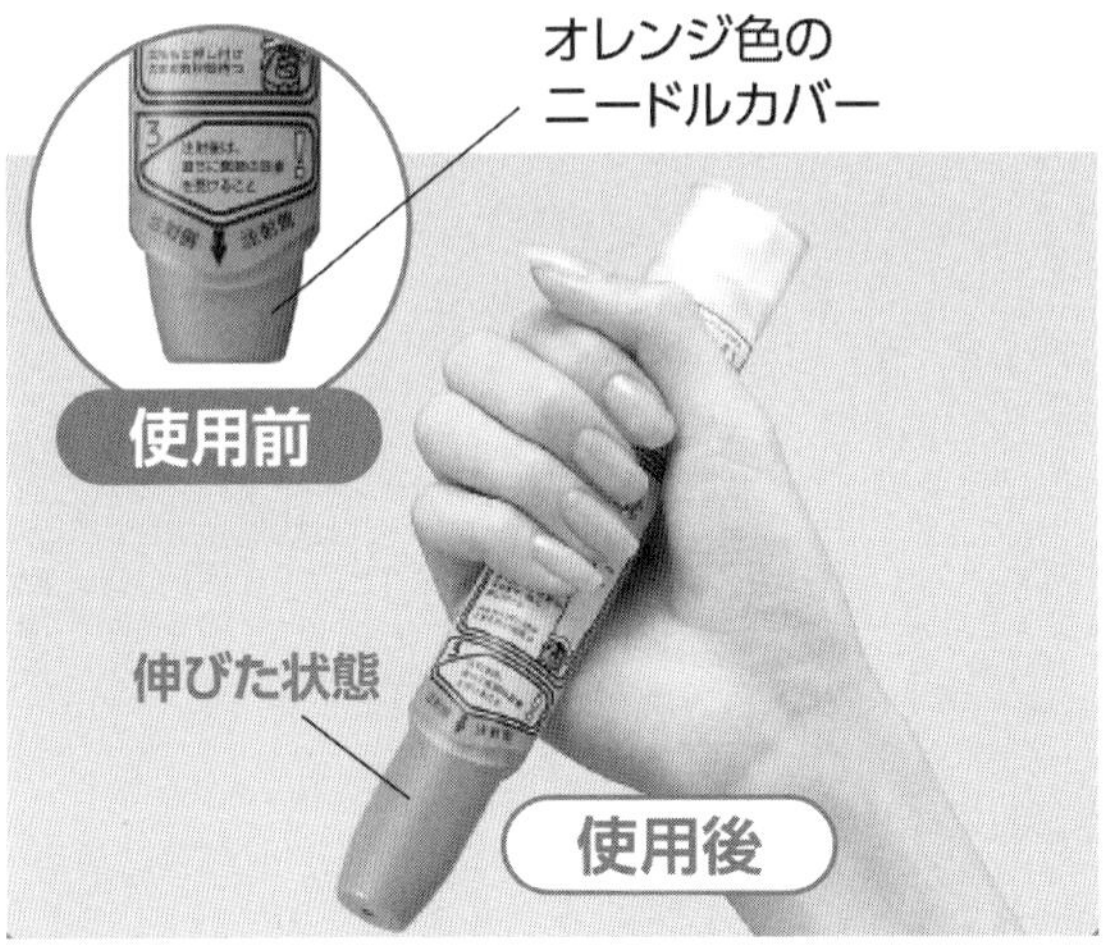

❸ 確認する

オレンジ色のニードルカバーが伸びているか確認。伸びていれば注射完了。

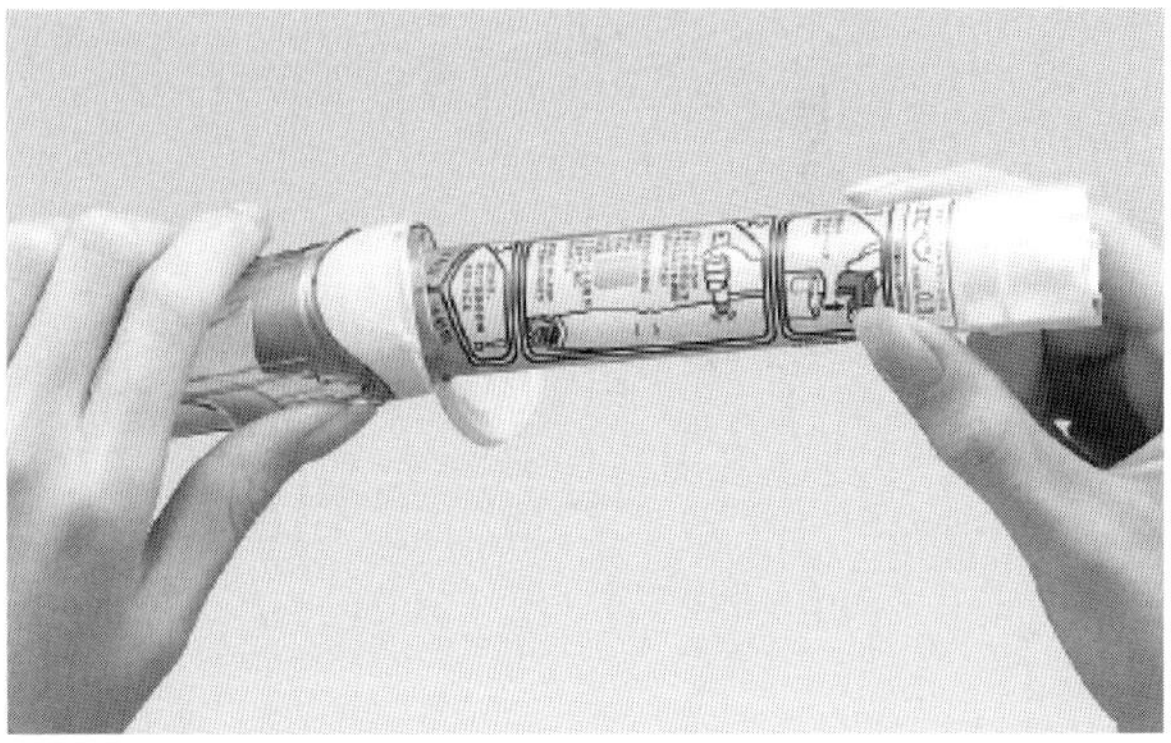

❹ かたづける

使用済のエピペンは、オレンジ色のニードルカバー側から、携帯用ケースに戻す。

写真提供：マイランEPD合同会社

より詳しいことはサイトを確認▶**エピペン公式サイト**　https://www.epipen.jp

食物アレルギー児のための備蓄

食物アレルギーをもつ子どもに対する行政の備えは万全ではありません。
子どもたちを守るために備えておきましょう。

食物アレルギー児の「預かり備蓄システム」として用意すべきもの

- ●アレルギー対応食品（ミルク、ベビーフード、クッキーなど年齢に合ったもの）
- ●アレルギー対応食品を販売、備蓄している場所の地図や連絡先
- ●処方されている内服薬
- ●気管支拡張薬
- ●携帯用吸入器
- ●エピペン

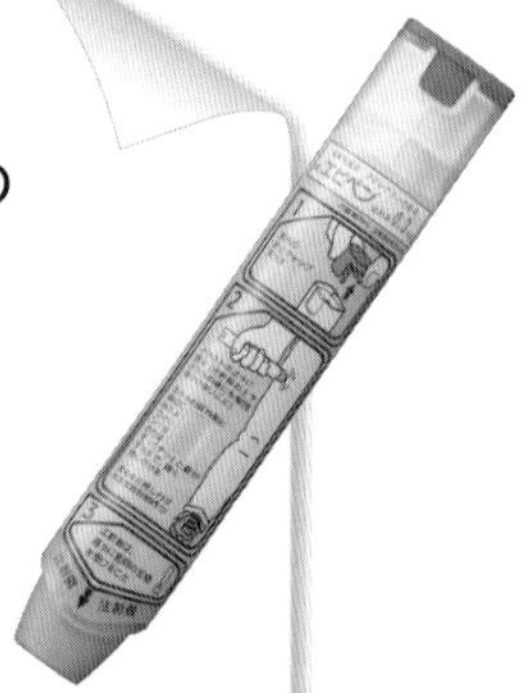

食べものの箱などには、子どもの名前と使用されていないアレルゲンを油性ペンで書いておきます。いざというとき原材料を確認する手間が省けますし、リュックから出したあとも、誰のためのものか、わかりやすいです。

＊そのほかのアレルギー児や、アレルギー児のために園で用意する備蓄については、111頁にチェックリストとして紹介しています。併せて確認し、備えておきましょう。

周囲の無理解がリスクを高める

東日本大震災では、避難所で提供されるものが、食物アレルギーに対応しておらず、アレルギーをもつ人たちは食料確保に苦労しました。その経験から、アレルギーへの理解が広まり、対応が進んできています。しかし、その後、発生した熊本地震や西日本豪雨、北海道胆振東部地震においても、アレルギーをもつ人たちが食料確保に苦労しているので、まだ対応は充分でないのが現状でしょう。

アレルギーは命に関わるものです。しかし、周囲の無理解により、子どもが傷つけられることもあります。避難所において、食べられないことを伝えると「わがまま」と言う人もいます。また、おにぎりの中身を聞いても、「食べたらわかる」としか答えてくれない人もいます。そんなとき、子どもたちを守ることができるのは、保育者と保護者以外にいません。35頁でも紹介している「預かり備蓄システム」が大変役に立ちますので、食物アレルギー児はもちろん、そのほかのアレルギーの場合も、保護者と相談して必ず用意しておきましょう。

4

災害に向けた環境整備

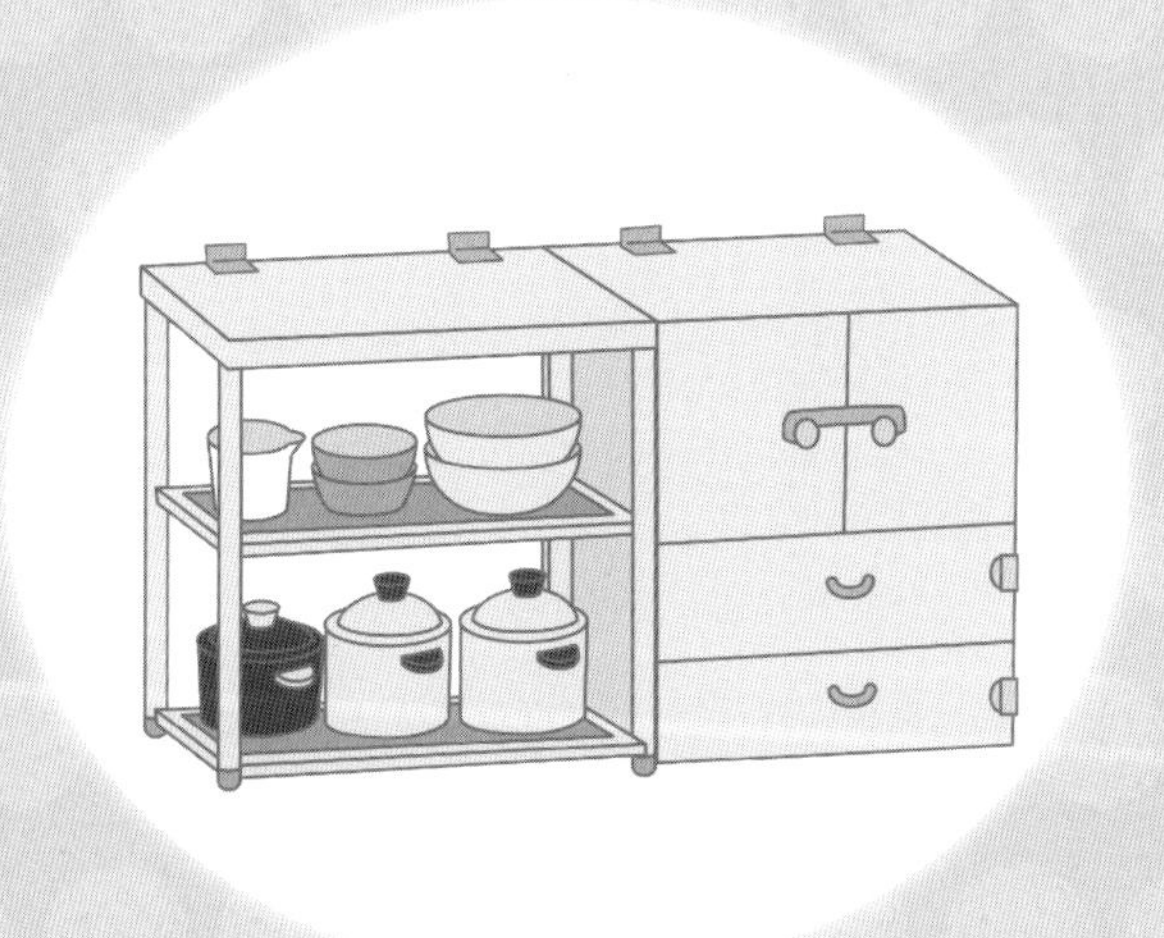

園の災害リスクを知る

園の立地に合わせた災害リスクを知ることは、災害対策を立てるための第一歩です。

リスクに囲まれていることを認識しておこう

災害対策基本法では「暴風、竜巻、豪雨、豪雪、洪水、崖崩れ、土石流、高潮、地震、津波、噴火、地滑りその他の異常な自然現象又は大規模な火事若しくは爆発その他その及ぼす被害の程度においてこれらに類する政令で定める原因により生ずる被害」を災害と定義しています。これらは二次的な災害、例えば、暴風は竜巻や高潮、豪雨は洪水や土砂災害を招き、地震は津波や液状化、崖崩れなどを引き起こします。

園には、これらの災害リスクを考えた対応が求められています。そのために役立つのが、自治体が発表しているハザードマップです。西日本豪雨では、岡山県倉敷市のハザードマップが、実際に浸水したエリアとほぼ一致したことが話題になりました。

ハザードマップには、洪水、津波、土砂災害、地震（揺れやすさ）、液状化、火災など、目的別にいろいろな種類があります。これらを読み解くことで、自分の園に必要な防災対策が見えてきます。

CHECK!

- リスクの高い災害の特性を知っておく
- ハザードマップを確認して、園周辺のリスクを調べておく

注意したい主な災害

地震

地下で起こる岩盤のずれにより、突発的に発生する地震。震源が浅く、人が住む土地の真下で発生する直下型地震は、規模が小さくても被害が大きくなりやすいとされます。一方、海溝やトラフ*の付近を震源とする海溝型地震は、規模が大きく、津波を引き起こすことがあります。

*トラフ…海底の細長い谷

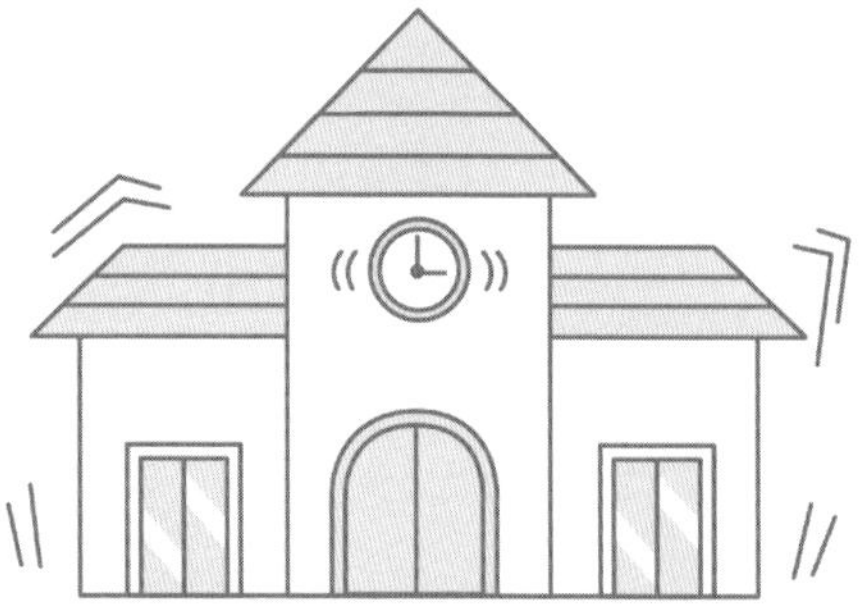

津波

地震の震源の場所により、到達する時間が変わります。浸水や建物の破損・流出など、大きな被害をもたらします。また、破壊された建物などから出火し、それが別の場所に流され、新たな火災を起こすこともあります。

土砂災害

地震や豪雨により、崖や斜面、急傾斜地が崩れ、大きな被害をもたらす災害。
土砂災害は3種類に分類されます。

土石流
山腹や川底の石、土砂が長雨や集中豪雨などの影響で、一気に下流へと押し流される。

崖崩れ
急な斜面が雨水や地震などの影響で、突然崩れ落ちる。

地滑り
比較的緩やかな斜面が地下水などの影響で、下方へ移動する。表面だけの表層崩壊と、地盤まで崩れる深層崩壊がある。

洪水

積乱雲が同じ場所で次々と発生・発達をくり返すことにより起きる集中豪雨や、狭い地域に1時間50mmを超える雨が降るゲリラ豪雨などで起こります。

内水氾濫
市街地に降り注いだ大量の雨水が、排水路や下水管の雨水処理能力を超え、市街地が浸水する。

外水氾濫
河川の堤防から水があふれる、または決壊して、道路や建物、田畑が浸水する。

Point
これらの災害用には、全国の市区町村が「ハザードマップ」を作成しています。国土交通省の「ハザードマップポータルサイト」(https://disaportal.gsi.go.jp) では、それらが簡単に活用できるように公開しています。

園舎の防災対策の基本

園舎の耐震性や室内の安全性を高めることは子どもや職員の命を守ることにつながります。

園舎の耐震性が子どもと職員を守る

園の防災対策で、まず考えるべきは園舎の耐震性です。耐震性が高ければ、子どもや職員の命を守ることにつながります。また、園舎に被害がなければ、被災後、早期に運営を再開できます。

財務省令に基づく園舎の耐用年数は、鉄筋コンクリートなどで47年、鉄骨コンクリートなどで34年、木造で22年となっています。また、建築基準法の新耐震基準で作られているかも、重要な点です。昭和56年5月以前に建てられていれば、耐震診断が必要です。

耐震改修工事には、多額の費用がかかります。しかし、筋交いや金具による補強、窓などの一部を壁にするなど、費用を抑える方法もあります。まずは、建築士などの専門家に相談してみてください。老朽化している場合は、自治体に相談しましょう。現在は、国や自治体による補助や融資等の仕組みが充実しています。制度の活用を考えてみましょう。

非構造部材の安全点検を心がける

地震の際は、天井材、外装材、内装材、窓ガラス、照明器具、家具といった「非構造部材」に被害が発生します。子ども

非構造部材の安全点検リスト

●天井
- □ずれ、ひび割れ、しみなどはないか

●照明器具
- □変形、腐食、破損などはないか

●ガラス
- □ひび割れなどはないか

●窓・ドア
- □開閉時に引っかかる、著しく重い、がたつきなどはないか
- □窓のカギ(クレセント)に異常はないか
- □地震のときに衝突しそうなものは周辺に置いていないか

●壁（内壁・外壁、ひさし、のき、バルコニーなど）
- □浮き、ひび割れはないか

●設備機器（オルガン・ピアノ、テレビ、パソコン、空調室外機、調理道具など）
- □本体の傾き、取りつけ金具の腐食や破損はないか
- □転倒・移動・落下措置はしているか

●棚・ロッカー
- □壁や床に固定しているか
  棚の上に重いものを載せていないか
- □ガラス瓶などの破損・飛び出し対策はしているか

●ブロック塀など
- □傾き、ひび割れなどはないか

園の耐震化に関するチェック手順

築年数の確認
↓
耐震診断
↓
助成申請
↓
耐震改修工事または建て替え
↓
仮設の園で運営
↓
工事完了・引越し
↓
安全な環境で保育再開

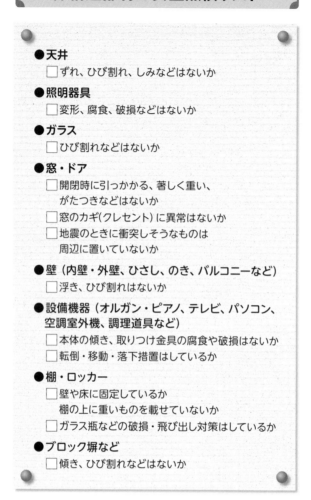

飛び出してきそうな棚や倒れそうな物は、
しっかり固定します。

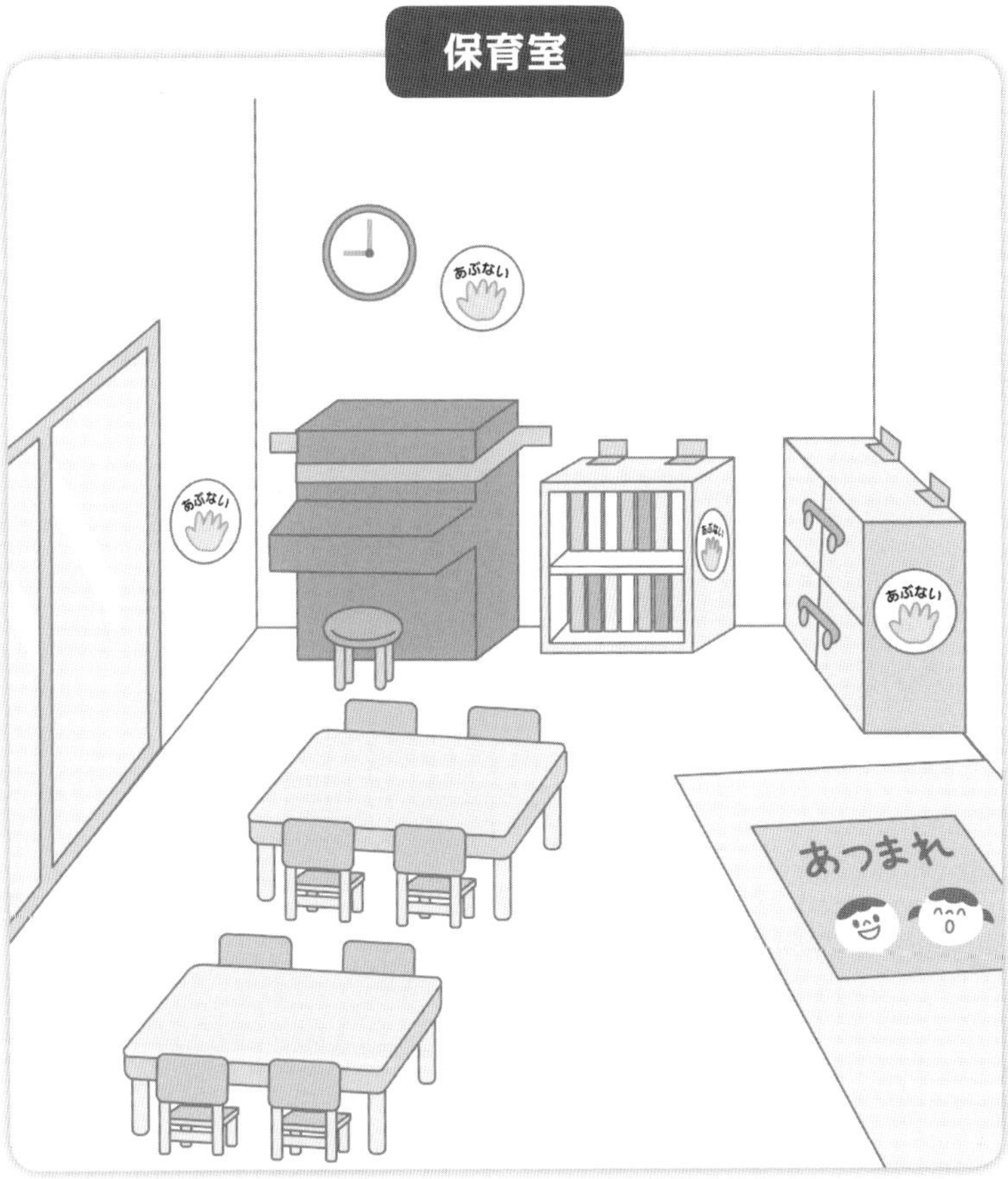

安全な場所には「あつまれ」ステッカー、物が倒れてきそうな
危険な場所には「あぶない」ステッカーを貼ります。

たちが、天井や壁の落下、割れたガラス、倒れた家具などによってケガをするかもしれません。日頃から、安全点検リストをもとに、非構造部材の安全点検を心がけてください。

様々な設備・什器類をとにかく固定する

オルガンやピアノ、書棚などの大型の備品の固定はもちろんですが、オーディオや植木鉢など小型の物には滑り止めシートを下に敷くなどしましょう。落下が少しでも遅れれば、逃げるための時間がつくれます。ガラスには飛散防止フィルム、蛍光灯にはカバーをつけるなども有効です。また、園舎内の様々な家具や備品が、地震発生時はどのような動きをするのかを、子どもたちに伝えます。危険な場所には「あぶない」ステッカーを、安全な場所の床には「あつまれ」ステッカーを貼り、危険と安全を見える化しておきましょう。

ほかにも、ドアの近くに物を置かないようにして、閉じ込め防止や避難路をふさがないようにすることも重要です。

CHECK!

- 園舎の耐震性を確認する
- 定期的な非構造部材の安全点検
- 備品は固定、ガラス割れ対策等を実施

調理室の被害軽減対策

調理室は火災や機器の転倒など、重大事故につながる場所です。徹底した防災対策をとりましょう。

料理室の転倒防止対策

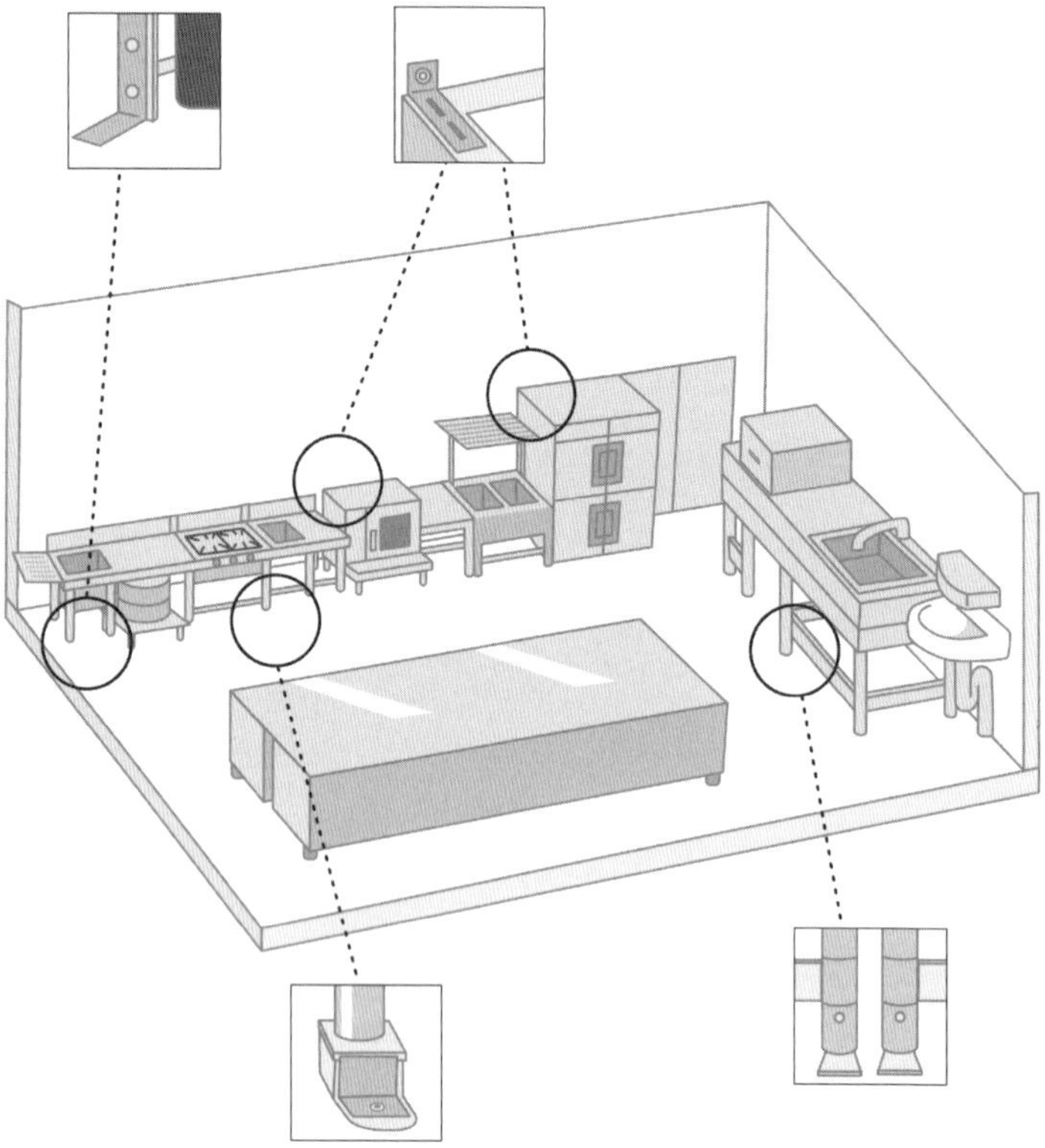

調理室は、園でもっとも危険な空間であることを意識しましょう

- 火や刃物を扱う場所である。
- 重い機器や調理道具がひしめき合っている。
- 割れるとケガのもとになる食器がたくさんある。
- 油や調味料など、こぼれると滑りやすい。
- 配膳ワゴンが出口付近にあるなど、避難しにくい環境。

耐震金具で機器を壁・床に固定する

調理室は電気やガスを利用する機器、重さがある機器、背の高い機器等がある場所です。これらが転倒しないよう、あらかじめ耐震器で固定しましょう。

東日本大震災をはじめ、耐震固定が不充分で機器が転倒した例が多数見受けられました。機器の転倒が火災につながる可能性もあります。機器の脚部には耐震用アジャストなどの床固定器、上部には壁固定器で壁・床に固定しましょう。

エネルギー源の多重化を検討する

災害時に、電気やガスといったライフラインが止まった際、調理機器のエネルギー源を多重化しておくと、非常時のバックアップ（冗長化）が向上します。調理室の熱源は、ガスだけでなく電気も使用できるようにする、都市ガスを使用している場合は、プロパンガスも設置するなど検討してください。プロパンガスは災害に強く、都市ガスが止まっても使用できる可能性が高いものです。また、非常用電源の発電機のほか、ガスを燃料に用いて電気をつくる「ガスコージェネレーションシステム」というものも考えられます。このシステムでは、廃熱を冷暖

調理室の被害軽減のチェックリスト

❶整理整頓の実施

- □ 4S（整理・整頓・清掃・清潔）の実施

❷転倒防止対策

- □ 床固定器、壁固定器、棚連結器等で設備を固定
- □ 固定器のさび、腐食、ぐらつき等の定期点検

❸ガス栓、ブレーカーの位置確認

- □ どこにあるのかを周知徹底。災害時にはすぐに落とすことができるようにする

❹棚からの飛び出し防止対策

- □ 扉にストッパーをしているか
- □ 棚板に滑り止めシートを設置

❺エネルギー源の多重化

- □ 調理機器の熱源を多重化（電気・ガス）
- □ 非常用電源（発電機・ガス等）の設置

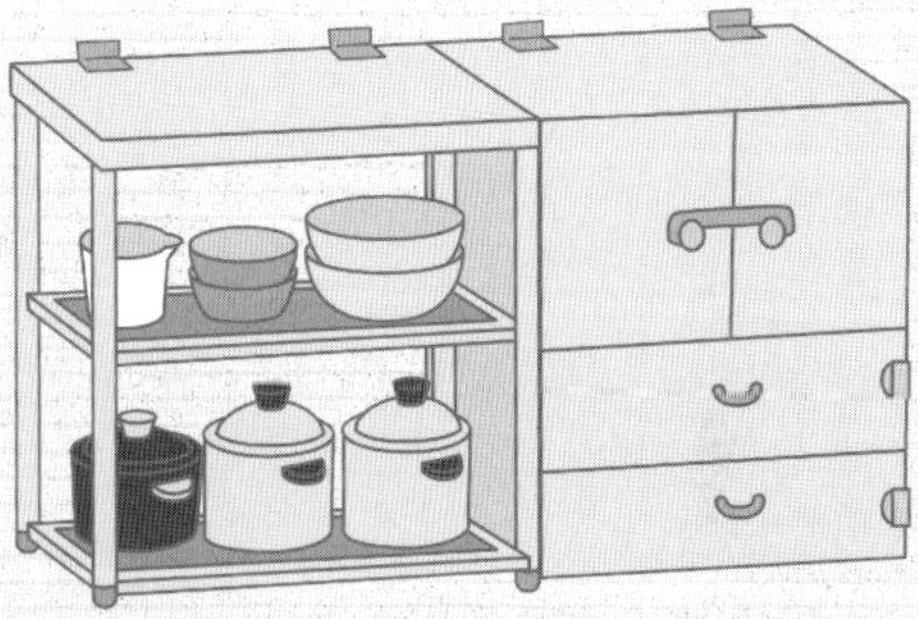

固定器で倒れないようにするほか、地震の揺れで中身が飛び出さないように、扉にはストッパーをつける。また、棚には重い物を下に置くと安定する。

房・給湯などに有効利用できるので、建物の節電、環境性能を高める効果もあります。

重要なのは日頃からの点検

ハード面での対策以外にも、日頃からの点検が大事です。整理・整頓・清掃・清潔といった「4S」を心がければ、通路に物を置いていて避難の際に邪魔になるといったことも避けられます。同時に、機器を固定した金具にさびや腐食、ぐらつきがないかの確認、機器の設置場所が平坦であるかの確認をしてください。

重さのある物を収納するときは、できるだけ低い位置に収納し、機器の重心を低くします。ガス栓やガスホースが老朽化していないか、電気コード、ガスホースが足にひっかからないようになっているか、高いところに物を置いていないか、棚から調理器具や食器、食材が飛び出してこないように、扉にストッパーをかけたり、棚板に滑り止めシートを敷いているか……。定期的に点検・確認しましょう。

CHECK!

- ●機器は耐震金具で床・壁に固定する
- ●エネルギー源の多重化を検討する
- ●4Sなど、日頃からの行動が大事

ライフラインの復旧方法

自分たちでライフラインを復旧できる方法を知っておくと、できることが広がります。

復旧時に水道を流す順番

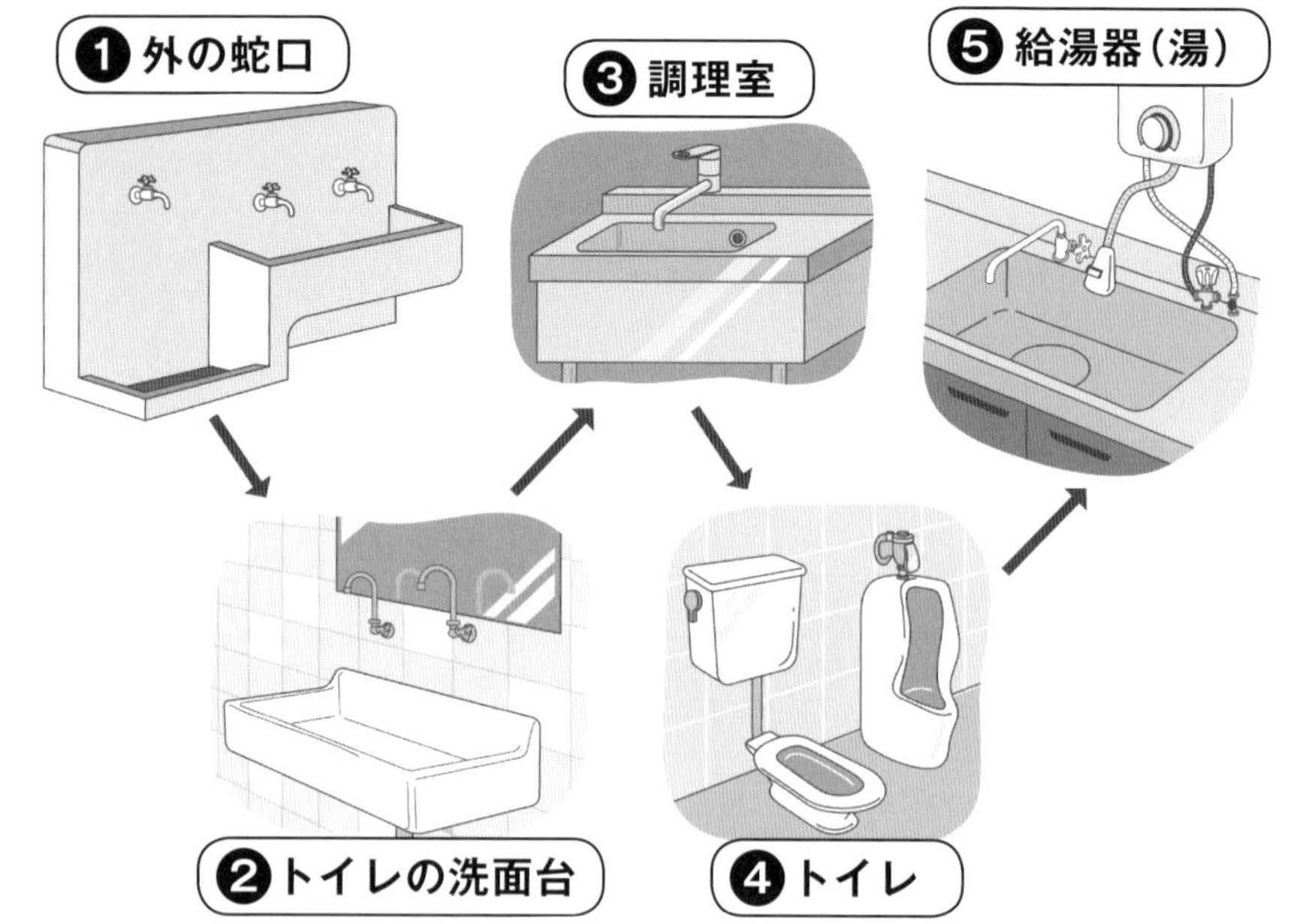

ガスの復旧方法

液晶モニターの「ガス止め」の文字表示を確認の上、左側の復旧ボタン（ひも）を押す（引く）。液晶の文字、ランプの点滅が終わるまで待ち、消えれば復旧終了。復旧できない際は、速やかにガス会社に連絡を。

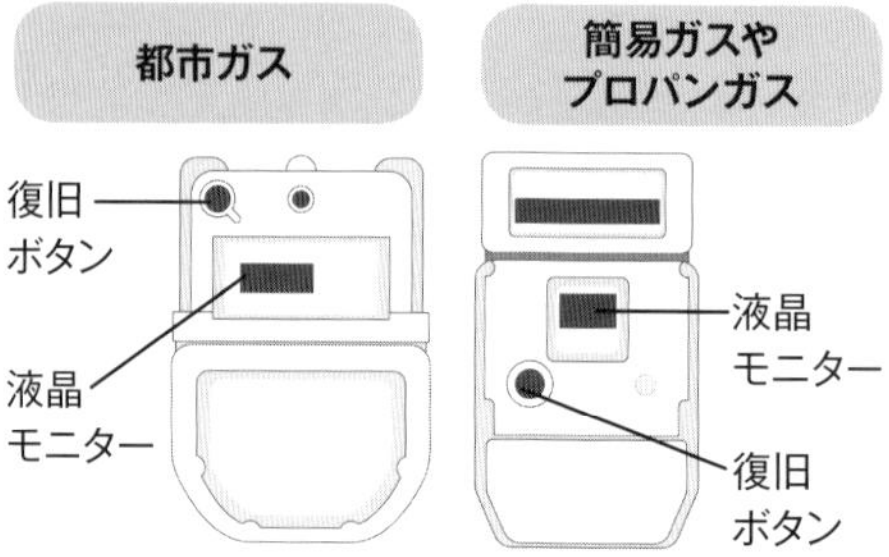

水道・ガス・電気が止まったときは……

断水時は、配水管内に空気が混入することもあり、通水後にトイレの水をいきなり流すと、故障することがあります。通水後は、水の量を調整できる室外の蛇口から開きましょう。濁り水が出た場合は、透明になるまで水を流します。

ガスは、プロパンガスと都市ガスがありますが、両方とも一定以上の震度を感知した場合、自動で遮断されます。いずれもガスのにおいがしないか、ガス漏れやホースに異常がないかを確認後、それぞれの復旧方法を試みてください。

停電時は、まず園内の電気がすべて消えているのか、また近所も停電しているかを確認します。園舎の一部のみ、または近所は電気が使える場合は、分電盤のブレーカーを確認します。ブレーカーを入れることができたら、電気容量が小さい小型の電気機器を選び、通電しているか確認してから電気使用量を増やします。通電火災を起こさないようプラグをコンセントから外したあと、ブレーカーを入れましょう。

CHECK!

- ガスメーター、分電盤の位置を周知する
- 復旧してから使うときの手順に注意

食に関わる地域・行政との連携

災害時には自分たちだけの力で対応しようと思わず、地域や行政の力を借りましょう。

災害時の支援活動体制図の例

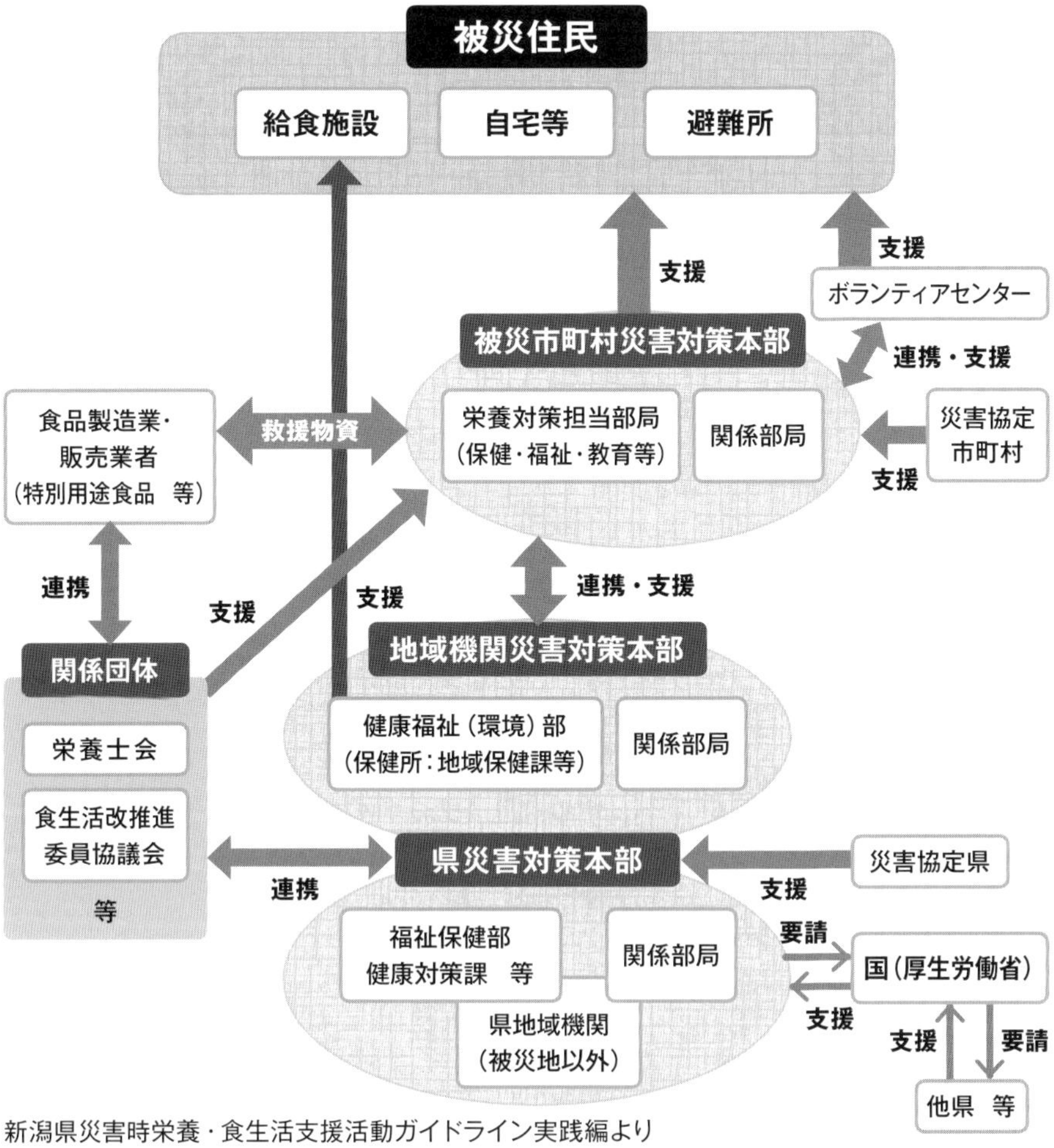

新潟県災害時栄養・食生活支援活動ガイドライン実践編より

行政などとの連絡体制を整備する

災害時の食事提供においては、42頁からの「災害時の食事提供の流れ」や44頁の「食材納入業者との連携」の通りきちんとマニュアル化し、備えておくことが重要です。さらに、地域や行政との連絡体制を知っておくと、食料や物資、水等の支援要求先を知ることにもつながります。園のリストにある食品納入業者がすべてNGだったとき、手に入れたいものが入手困難なとき、地域や行政とのつながりを理解していれば、選択肢が広がります。

災害時は、栄養士や調理師が被災し、人手不足になることで食事提供ができないこともあるでしょう。そんなときのために、栄養士会や調理師会などと連携をとっておき、いざというときは支援を受けられるようにしておきましょう。

園には、0・1歳児のように普通の食事ができない子どももいますし、そこには多くの手が必要になります。多くの人との連携が重要です。

CHECK!

- 地域や行政との連携体制を把握しておく
- 栄養士会、調理師会との連携をする

食に関わる保護者連携

災害から子どもたちを守るには、園と保護者の連携が必要です。

保護者の危機意識を高めるために

保護者に危機意識をもってもらうために、園で用意している防災用品・食料の備蓄状況を、定期的に保護者に報告しましょう。

防災訓練にも参加してもらうことはもちろん、備蓄品の非常食なども一緒に点検できるといいですね。消費期限が近いものは、参加した保護者とともに、災害時におこなう方法で調理し、食事会を開くのもおすすめです。自治体の防災担当者や消防・防災の専門家、医療関係者などの外部講師を招き、保護者のための講習会を開けば、保護者も保育者も意識が高まります。「預り備蓄システム」（35頁参照）を導入する前に、保護者会で目的や中身についてていねいに説明することも重要です。

園の防災への取り組みは、ホームページやおたより、掲示板などを活用して、こまめに保護者に伝えましょう。子どもを守るための、連携・情報共有は大切です。

CHECK!

- ●保護者参加のプログラムで危機意識を高める
- ●園からの情報発信をこまめにおこなう
- ●情報が共有できているか確認する

保護者との取り組み

- 自治体の防災担当者や専門家などの外部講師を招いた講習会
- 保護者も一緒に参加する防災訓練の実施
- 消費期限が近づいた非常食を用いた食事会の開催

災害時の連絡手段

職員同士、行政やグループ園などの関係機関、そして保護者と確実に連絡をとれる手段を準備しておきましょう。

いろいろな連絡手段の一例

■LINE

LINEは、東日本大震災時に連絡手段が限られた経験をもとに生まれたアプリとされています。クラス単位、園単位など、使いやすい単位で事前にグループ登録しておくとよいでしょう。また、「ノート機能」では、通常の画面とは別に大事な情報をストック、共有できるため、災害時には便利です。

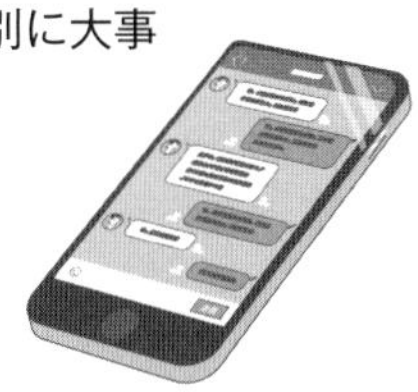

■災害用伝言ダイヤル「171」

大規模災害が発生した際にNTTが提供するサービスで、音声を録音・再生できるボイスメールです。登録できる伝言数が1～20(災害発生地域により異なる)と限りがあるため、注意が必要です。

■携帯型無線機

職員間の連絡もトランシーバーなどの携帯型無線機があると、迅速におこなうことができます。通信距離が1～3km程度のデジタル簡易無線局(3R登録局)なら、免許不要で簡単な登録手続きと電波使用料(年額500円程度)で使用できます。また、(一財)移動無線センターの提供するMCA無線機は災害に強く、1台あたり携帯電話の利用料程度で使用できます。

■トランシーバーアプリ

アプリを導入することで、スマートフォンをトランシーバーのように使用できます。種類も、携帯電話事業社のネットワークやWi-Fiを使用するもの、Bluetoothの電波を使用できるものなど、いろいろあります。[代表的なアプリ](2019年5月現在)
■zello Walkie Talkie(携帯電話ネットワーク、Wi-Fi)
■Alduo(携帯電話ネッワーク、Wi-Fi)
■BlueFI Phone(Wi-Fi、Bluetooth) ■Simple Walkie Talkie(Wi-Fi、Bluetooth)

複数の連絡手段を確保しておく

大規模な災害では、音声通話が集中することで、回線が混雑して電話がつながりにくい状態になります。災害時は、保護者だけでなく、職員間や、行政などとも確実に連絡をとる必要があるため、固定電話・携帯電話以外の複数の連絡手段を準備しておきます。

過去の災害では「ＬＩＮＥ」などのＳＮＳサービスが活躍しました。また、２０１８年の北海道胆振東部地震の被災園ではトランシーバーアプリを推奨しています。ともに電話回線がつながらない場合でも、インターネット回線やWi-Fi回線がつながっていれば使用できるものです。ほかにも、園で使っている一斉配信メールを活用する方法もありますが、返信をもらうことを念頭においた運用を決めておく必要があります。

なお、園と保護者との連絡は、子どもが園にいるときだけにおこなうのではありません。休みの日や帰宅後に災害が発生したときでも、子どもたちの安否確認ができるようにしておきましょう。

CHECK!

- ●電話以外の連絡手段を想定する
- ●事前に「171」など体験利用しておく
- ●保護者と事前に運用ルールを定める

「防災マニュアル」を作成する

自分を主人公として、災害時の行動をイメージしてみましょう。

マニュアル作成の手順

1 「目黒巻《めぐろまき》」の作成・検討

- 各個人で作成
- 各担当別に集まり、疑問点・問題点を洗い出し、理想の行動を決める
- 実際の行動をすり合わせる
- 各担当ごとに1本の目黒巻を作成する

2 園全体の「目黒巻」を作成

- 全職員の目黒巻をすり合わせる
- 疑問点・問題点を洗い出し、理想の行動を決める
- 実際の行動をすり合わせる
- 必要な情報・物資・留意点などを整理、修正し、園全体の1本の目黒巻を作成する

3 マニュアルに落とし込む

- 園全体の目黒巻に各災害リスクやハザードマップ、関係機関の連絡先などの要素を加え、マニュアルを作成する

4 マニュアルを改訂

- 職員数や保育環境が変わるたびに、①～③をくり返して改訂する

誰のためのマニュアルなのか

「防災マニュアル」は、災害発生時に混乱した際、自分が思っている行動が正しいのかを確認するためのツールの一つです。保育者は自分だけでなく、子どもたちも守らなくてはなりません。それだけに保育者の防災に対する意識や心構えを高め、園の防災力をあげる必要があります。

つまり、「防災マニュアル」は保育者のためのものです。実際に使う保育者が「具体的」で「読みやすいか」が大事になります。園によって、立地や建物、それにともなう災害特性などが違います。各園の事情に合わせたオリジナルの「防災マニュアル」作りをおこないましょう。

役立つマニュアルを作るために

使いやすいマニュアルを作るためには「目黒巻」（東京大学生産技術研究所の目黒公郎教授考案）が役立ちます。これは災害のイメージトレーニングツールで、様々な時間や場所、季節、天候、災害の種類などを想定して、「自分を主人公として」災害時の行動をシミュレーションするためのものです。

目黒巻は全職員が個々に作成します。

目黒巻の作成方法

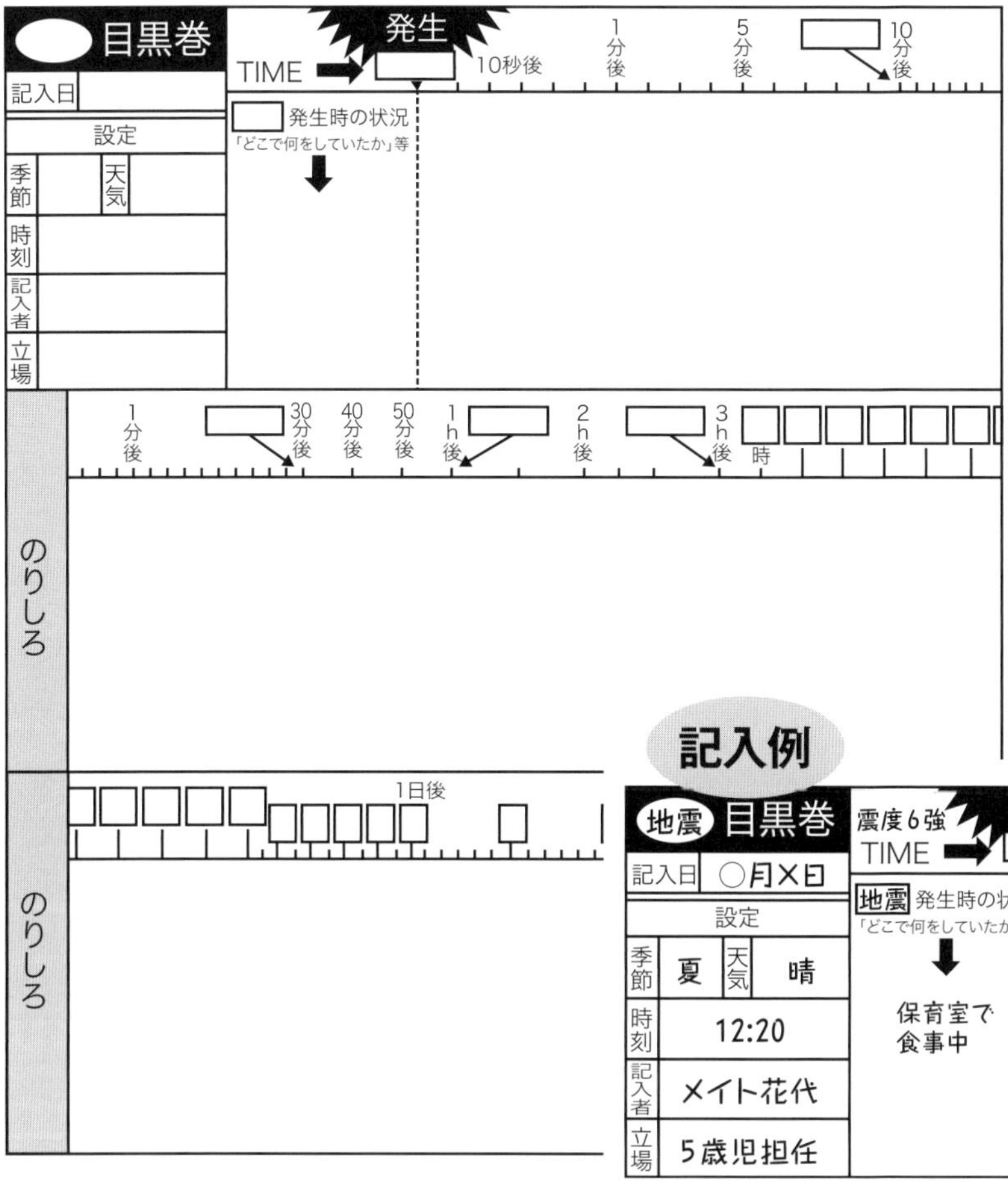

目黒巻は、自分を主人公として作成します。内容は、発災後の自分の状況、行動、気持ちなどを想像し、時間軸に沿って、手帳に書き込むように自由に記入します。

マニュアルは、行動項目のみだとどの時点で何をするかという時間軸の要素が薄いため、具体的なイメージがしにくいものになります。目黒巻で発災から10秒後、1分後と時系列で行動を確認します。

記入例

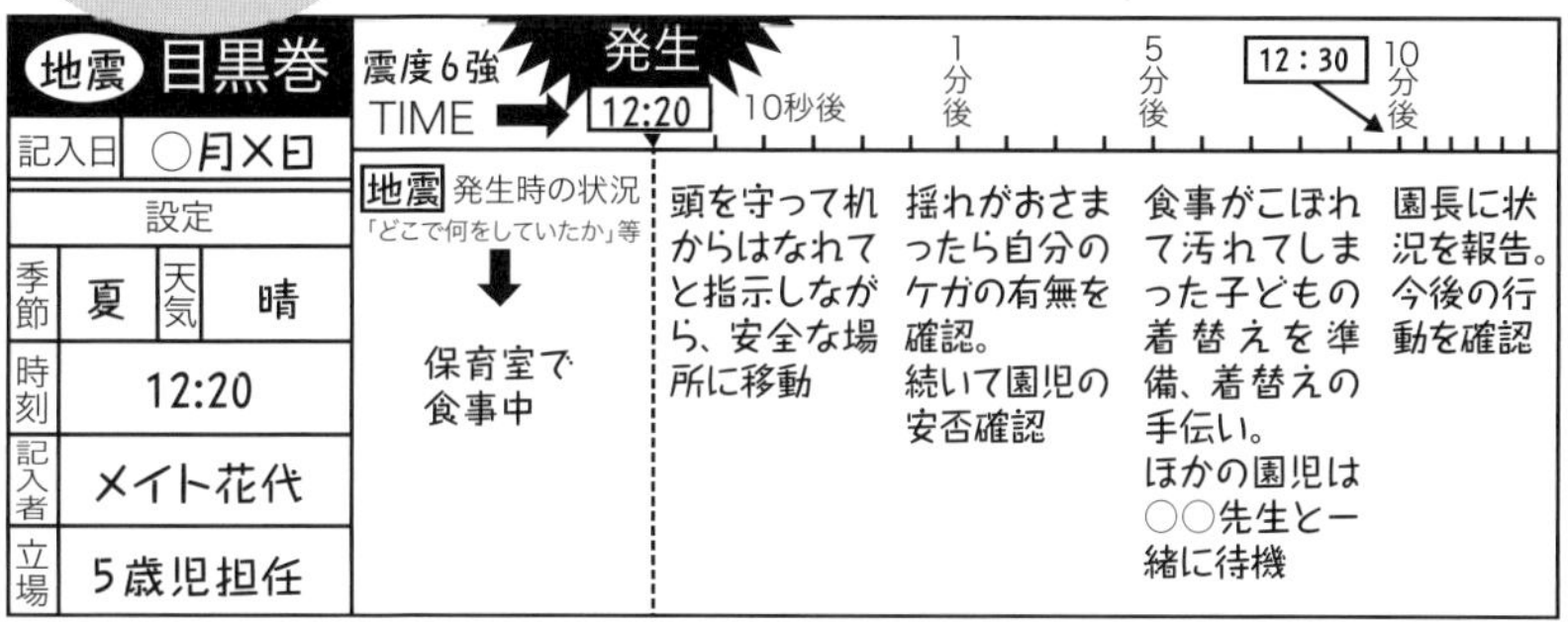

各担任、調理師、園長など、それぞれの立場で発災して10秒後、1分後、5分後、10分後に何をしていくか記入していきます。

そのうえで、同じ担当の人たちとすり合わせてみます。担当が同じでも、考え方、行動に違いがあるはずです。発災から1時間、3時間、半日の間に何をすべきか、何をどのタイミングでするべきかを話し合い、まとめて1本の目黒巻を作成します。そして、もう一度ていねいに行動をすり合わせます。各担当の目黒巻ができたら園全体ですり合わせ、園としてどういう時系列で、どんな行動をとるのかを作成します。

そこに、地震や水害などの災害リスクやハザードマップ、関係機関の連絡先などを組み合わせれば、立派なマニュアルができあがります。

CHECK!

- マニュアルは保育者のためにあることを意識する
- 時系列を意識した行動を落とし込む
- 保育環境が変わるたびに改訂する

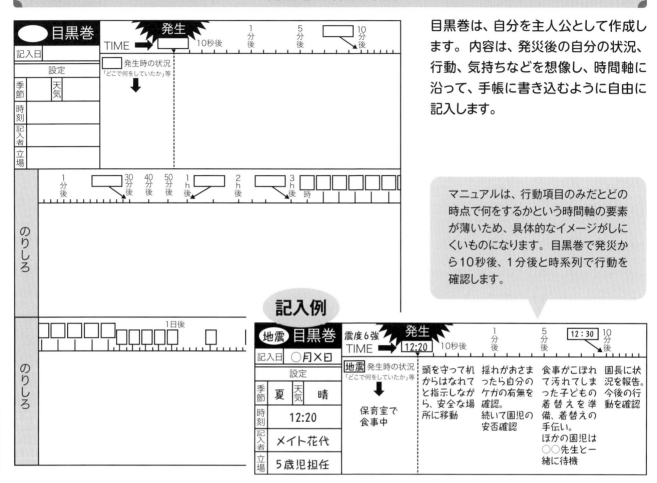

食事提供訓練を実施する

災害時に起こる状況を想定し、それに沿った内容で実際に食事を作り、子どもたちに提供してみましょう。

1 何の災害が起きたのかを決定

- 地震・水害など

2 被害状況を決定

- 水道が止まった
- 調理室が使えないなど

3 テーマを決定

- 水をなるべく使わない食事提供
- 温かい汁物を提供など

4 備蓄品を取り出す

- どこに備蓄品があるのか
- 職員が誰でも取り出せるようになっているのか
- 中身がすぐにわかるようになっているのか
- 明かりがなくても中身がわかるのか
- 取り出すものは、どの程度の重さで、何人で運び出すのが適当なのか

訓練はテーマを決めておこなう

避難訓練を実施するように、食の提供についても訓練が必要です。まず、地震、水害など、どのような災害が起こったのかを決め、それにともなう被害状況、例えば、水道が止まった、調理室が使えないなどを考えます。そのうえで、テーマを決めて実施すると効果的です。例えば「水を節約するために食器の汚れを最低限にする」、「温かい汁物を提供する」など、園再開時に必要だと思われることがよいでしょう。

訓練は保育者だけでなく、実際に作った食事を子どもたちに食べさせてみることも重要です。通常の食事に組み入れるのではなく、災害時に提供するものとして出します。

なお、訓練をおこなうときは、実際の災害時と同じ制約をもうけて実施してください。水が出ない設定にしたのであれば、子どもたちにも食事前の手洗いは、ウェットティッシュやミネラルウォーターなどで対応してみましょう。実際の状況により近づけることで、それぞれの行動に要する時間、難易度が把握できます。

5 調理

- 調理場所は適切か
- 衛生状態は保たれているか
- 調理時間はどのくらいか
- 調理手順は適当か
- 水やガスの代替品は、使える状況なのか

6 配膳

- 食器の代替品は考えられているか
- 洗い物やゴミがなるべく出ないように考えられているか
- 食物アレルギーの子どもに、誤配膳しないような体制になっているか

7 提供

- 実際に食べる状況（室内灯がつかないなど）が想定されているか
- 保育室、ランチルームが使えない場合を想定しているか
- 水道が使えない場合の手の消毒をおこなったか

8 あとかたづけ

- 残飯の消臭対策・カラスや害獣対策は万全か
- 残飯などを入れたゴミ袋をどこに保管しておくか

9 検討会

- どのくらいの人数、時間が必要だったか
- マニュアル通りにできたか
- 想定外なことは何だったか

訓練後は検討会を開いて必ず振り返りをする

訓練後は必ず検討会を開きます。マニュアルどおりにスムースに実施できたのか、できなかったのか。できなかった場合は、忘れてしまったのか、慣れていないから時間がかかったのか、最初から実施がむずかしい内容だったのか。うまくいかなかった理由も考えます。ほかにも、想定していなかった事柄があるかもしれません。

それらを検討して対策を立てることで、マニュアルを進化させていきます。考えてみることと、やってみることは別のこと。訓練でカバーできるところはカバーし、むずかしいところは実践しやすい方法を検討していきましょう。

CHECK!

- どんな災害が起こったのか、被害状況を想定しておこなう
- 問題意識をもって訓練にのぞむ
- 検討会を開き、マニュアルを進歩させる

ファーストミッションボックス（FMBOX）のすすめ

災害時、誰でもすばやく行動できるよう、指示書を作成します。作成することで、行動も明確になります。

指示書を作成すれば、初動動作が明確になる

災害発生時に、防災担当者がその場にいなくても、最初（First）に集まった人たちが、誰でも迅速かつ的確な初動動作をおこなえるよう、その行動（Mission）を記載した指示書（カード）と最小限必要となる事務用品を一つの箱（Box）にまとめたもの。それが、ファーストミッションボックス（FMBOX）です。

事前に指示書を作成することで、初動時の行動を整理し、優先すべき行動が明確になるため、園においても初動や食事提供など、あらゆる場面で活用できます。

左頁に「調理スタッフがいなくても食事提供を可能にする食事提供のためのFMBOX」の、指示書の作り方を掲載しています。食事提供のレシピは、第1章のレシピもご活用ください。清書した指示書をラミネートしたものは、穴をあけリングでまとめておくと使いやすくなります。

ファーストミッションボックスの作り方

準備するもの

- ●模造紙（A 1サイズ程度）
- ●付せん
- ●油性ペン
- ●活動拠点（園）の間取り図
- ●A 4コピー用紙（清書用）
- ●ラミネーター（ラミネートフィルム）
- ●書類箱（A 4判の書類が入る大きさ）
- ●輪ゴム（書類箱をとめる太さのもの）

作成の流れ

1. ファーストミッションボックスを置く場所を決める。
2. 優先すべき行動と、それに必要な準備品を色別の付せんに書き出し、模造紙に貼る。
3. 発災直後から、時系列に付せんを並べ替え、15～30分以内におこなう行動を絞り込む。
4. A4コピー用紙に、ミッション番号、10文字以内のタイトルと方法を簡潔に書き、活動内容がわかるイラストを記入する。
5. 最下段に、完了時間、実施者の氏名を記入する欄を設ける。
6. 清書できたものをラミネートし、必要となる道具と一緒に書類箱に入れ、輪ゴムでとめる。

指示書（カード）は、誰でも行動できるように、シンプルに

CHECK!

- ●初動行動を整理する
- ●FMBOXの場所を決め周知する

「調理スタッフがいなくても食事提供を可能にする食事提供のためのFMBOX」の例

食事提供でまずすべきこと

●あなたがこの箱を開いたということは、無事だったということですね。よかったです。

●あなたがすることは、カードに書いてあることを順番にするだけです。落ち着いて、次のカードをめくりましょう。

ミッション①被害の確認

□調理室、ランチルームの被害を確認します。

□調理室に入れる場合は、冷蔵庫と食品庫の食品状況を確認します。

確認者名		
確認時間	時	分
被害状況		

ミッション②使える食材の判断

□中に入れない場合は、倉庫にある水と非常食を担任に配ります。

□冷蔵庫や食品庫の食材が使えるなら、携帯電話のカメラですばやく庫内を撮影し、扉を閉めましょう。

□撮影した写真をもとに、カードの裏に食材を記入します。

完了時間　時　分　実施者

ミッション②（裏）使える食材のリスト

食材の特徴	そのまま食べられるもの	加熱が必要なもの	利用日
賞味期限が短いもの			
温度変化で傷みやすいもの			
野菜類			
冷凍食品			
調味料類			
氷			
その他			

ミッション③レシピの決定

□FMBOXの中にあるレシピ集からレシピを選びます。

□レシピが決定したら責任者に報告します。

□食物アレルギー児の情報をしっかりと入手しましょう。

□調理をはじめる前に、次のカードを見てください！

レシピ名	調理者名
使用する食材	

ミッション④調理前の準備

□FMBOXの中にあるシャワーキャップ、エプロン、マスクをつけます。

□抗菌剤を手にスプレーしたあとに、手袋をしましょう。

□調理台、調理器具に抗菌剤をスプレーします。

*食材が傷まないように、5分でこのミッションをクリアしよう！

完了時間　時　分　実施者

ミッション⑤火を使うときは

□湯を沸かすときは、ガス漏れがないか再確認します。

□ガスが使えない場合は、換気しながらカセットコンロを使用します。

*カセットコンロは倉庫に4個あります。
（裏面に倉庫内のイラストあり）

完了時間　時　分　実施者

ミッション⑥食事提供の注意

□クラス分用意できたら、すぐに届けてその場で食べるように担任に伝えます。

□食物アレルギー児には、できれば別の担当者が作ります。

食物アレルギー対応食とわかるようにしておき、エピペンも用意しておきます。

*食中毒防止のため早めに食べ、残したものはとっておかない。

完了時間　時　分　実施者

子どもたちへの防災教育

災害に備え、子どもたちにも自分の身の守り方を伝えることが大切です。ふだんの遊びに防災に役立つ内容を組み入れ、しぜんに身につくようにします。

実践 揺れたらダンゴムシ©

子どもたちに身近なダンゴムシをまねて、
地震が起きたときの身の守り方を学びます。

進め方

①地震が起きたら、様々な物が落ちたり飛んできたりすることを説明。
②「とがっていたり、硬い物が落ちてきたり、飛んできたりしたらどうする?」と質問する。
③②の答えを受けて、「ケガをしないためには、どうしたらいいと思う?」と質問する。
④③の答えを受けて、机の下にもぐったり、ヘルメットや防災ずきんで身を守れることを確認。何もなければ絵本やカバンを頭にのせても守れることを伝える。
⑤絵本もカバンもないときは、「ダンゴムシのポーズ」で身を守ることを伝える。

ダンゴムシのポーズ

①両手で水をすくうまねをする。
②すくった水を頭の後ろにかけるように頭を覆う。
③手を頭の上に置いたまま、体をダンゴムシのように丸める。

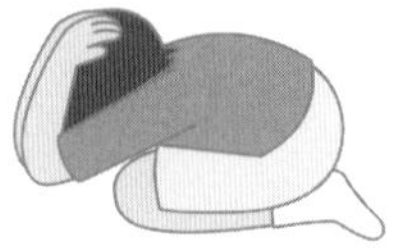

Point ●ダンゴムシのポーズは、頭と手の間を少しあけておきましょう。

実践 火がついたらゴロゴロしよう!

洋服に火がついてしまったとき、
ゴロゴロ転がって消す対処法です。

準備するもの

赤い画用紙を炎の形に切り、片面には短めに切った両面テープを、もう一方には長めに切った両面テープを貼る。

進め方

①炎の短い両面テープを貼った側を、子どもの肩につける。
②子どもたちに、どんなときに洋服に火がつくか説明。
③洋服に火がついたら、花瓶の水でもいいので水をかけることを伝える。
④水がないときは、ゴロゴロ転がることを伝え、マットの上で実践する。
⑤炎がマットに貼りつき体から取れたら、火が消えたことを伝える。

Point ●炎を貼る場所は、肩や腕、おしりなど、転がってはがれやすい場所を選びましょう。

実践 卵の殻の上を歩いてみよう

食器やガラスが割れたときを想定して、はだしで動くことの危険を伝えます。

準備するもの

敷物・卵の殻（よく洗い乾燥させた物）・足ふきタオル

進め方

①敷物の上に卵の殻を敷き詰める。
②地震発生時には、床に物が散らばることを説明。
③子どもたちに卵の殻の上をはだしで歩かせて観察する。
④歩き終わったら、「床に散らばった物が、卵の殻ではなくとがった割れたガラスだったら、どうなる?」「足をケガしたり、滑ってケガをしないようにするにはどうすればいいと思う?」などと問いかけて、子どもたちに考えさせる。
⑤それぞれの考えを受け止めつつ、「くつを履く」「絵本を敷いてその上を歩く」などの答えを誘導する。

Point
●保育者が事前に歩いて安全を確認します。子どもたちを安心させましょう。
●避難時には足下にも注意することを伝えます。
●卵アレルギーの子どもには体験させません。（症状により判断してください）

実践 食器を作って、使ってみよう！

災害時、食器がない場合を想定し、食器を自分たちで用意し、使ってみることを実践します。

進め方

①地震が起こったときは、ふだん使える食器や食具が使えなくなることを伝える。
②どんなものを使ったらいいか、質問してみる。
③②の答えを受けながら、折り紙や新聞紙で器を作ってみる。
④実際に器が使えるのか、もっといいものがあるのかなどを経験させるため、その器を使って、外でおやつなどを食べてみる。

Point
●子どもの作りやすい箱など、いくつか見本を作っておく。
●食べる際は、ウェットティッシュなどで手を拭き、災害時の状況を体験してみる。

あとかたづけと災害ゴミ

災害時は通常のゴミだけでなく、割れたガラスなどの日常には出ないゴミも発生します。

掃除道具も忘れず用意しておく

災害マニュアルで忘れられがちなのが、あとかたづけについてです。

過去の災害では、園のガラスが割れてしまったときにかたづける掃除道具や、ケガをしないための長ぐつが準備されていなくて困ったという話も聞かれました。さらに窓ガラスが割れれば、飛び散ったガラスをかたづけるだけでなく、ガラスのなくなった窓をどう処理するかも大事です。ふさぐための段ボールやブルーシート、ガムテープ、ロープなども用意しておきましょう。

また災害のときは、使えなくなった備品などの災害ゴミが多く出ます。日常とは違い、すぐに収集されないかもしれないので、子どもたちの目にふれない保管場所を決めておきましょう。衛生面を考え、水道が使える場所から離れた場所が適しています。その際は、しっかり分別しておきましょう。あとから分けるのは、大きな負担になります。

CHECK!

- ●あとかたづけの仕方もマニュアルに入れる
- ●掃除道具・補修道具も準備する
- ●衛生的かつ安全なゴミ保管場所を決めておく

窓ガラスが割れたときの対処法

窓が割れてしまった場合は、破片をかたづけて、割れた部分をブルーシートで覆う。その際、ぴったり貼りつけると風で外れてしまうので、少し隙間をあけておくとよい。

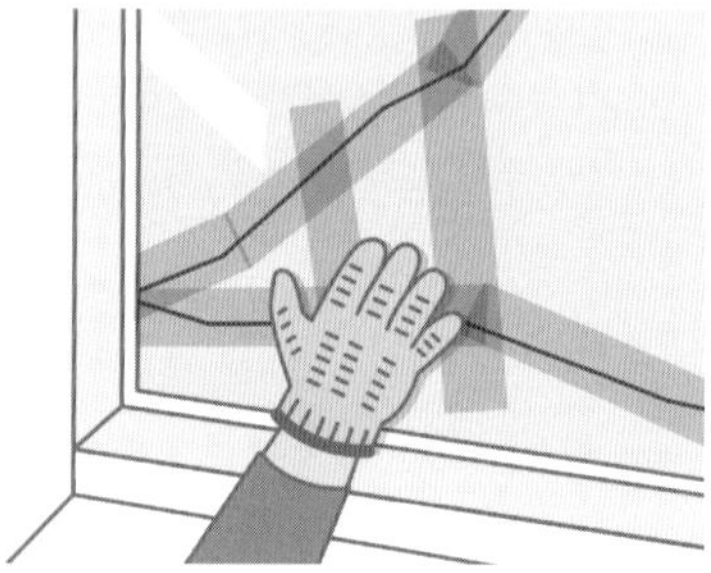

ガラスにひびが入った場合は、ガラスが脱落しないようにガムテープを貼って応急処置。その後は近寄らないように。

5

災害発生！　どう動く!?

地震が起きたときの初動対応
調理中に地震が起きたら
食事中に地震が起きたら
園が避難所になったとき
災害時のトイレ
災害時に大切な口腔ケア
子どもがケガをしたら
災害時の医療体制

地震が起きたときの初動対応

災害が起きたときの初動対応を決めておけば、慌てることなく対処することができます。

保育者の基本行動

どんなに備えていても、実際に地震が起きると動揺してしまうもの。
発災後の最初の行動はシンプルで覚えやすいものにしましょう。

離れて	自分の体を守るため、危険なものから離れる
守って	安全なところで頭・体を守り揺れが収まるのを待つ
生き延びる	負傷の手当・救助・避難など迅速で適切な行動で生き延びる

子どもの行動は「いかあし」

日頃からの訓練が大切です。過去に被災した園でも、
訓練をしっかりしていたところでは、子どもは落ち着いて行動できました。

いどうする	危険な場所から移動する
からだをまもる	安全な空間で体を守る姿勢をとる
あしもとをみる	揺れが収まったら、動く前に足下を確認
しらせる	困ったことが起きたら、大きな声で大人に知らせる

初動対応は、覚えやすい行動を決めておく

災害時の初動対応は、事前に考えて頭に入れておかないと、いざというときに動けません。しかも複雑ではなく、保育者全員が覚えやすく、かつシンプルな行動であることが理想です。迷うことなく行動ができるルールを、決めておきましょう。

また、子どもたちにも、地震が起きたとき、どうするべきかを伝えておきます。これも、「いかあし」のようにわかりやすく、覚えやすい用語を用いて伝えましょう。防災訓練の際に、「いかあし」を声に出して動くと、言葉と行動が一致します。

さらに、保育者は目黒巻（82頁参照）に沿って、発災から保護者に子どもを引き渡すまでの行動が、迅速におこなえるように確認しましょう。大人も子どもも、慌てることなく行動できる指示が理想です。

CHECK!

- 初動対応は覚えやすいものに
- 目黒巻を確認する

保育者の初動対応の流れ（例）

地震発生

園外

1. ブロック塀、電柱、自動販売機などから離れ、身を守る姿勢を指示する
2. 子どもたちを集めて点呼、ケガの確認・応急手当
3. 近くの災害時医療救護所に搬送
4. 余震に備え、公園や空き地など、倒壊・落下物の恐れが低い空間に一時退避・点呼
5. 二次災害発生の可能性を予測し、さらなる避難の必要性を検討
6. 危険を予見したら最寄りの避難所に避難
7. 園への状況報告と今後の対応の相談
8. 保護者への連絡

揺れが収まったら（→ 2）

ケガ人がいる場合（→ 3）

園内

1. 体を守る行動を指示する
2. 子どもたちを集めて点呼。ケガの確認・応急手当
3. 動けない場合はほかの保育者に応援を要請。近くの災害時医療救護所に搬送
4. 全職員の安否確認と園の被害確認
5. ホール・園庭への避難、避難所への避難の判断
6. 非常用品の準備、及び子どもの身じたく
7. 保護者・関係機関への連絡

避難する場合

7. 門扉に避難先のメモを残す
8. 避難所に移動し、安全な場所で保護者・関係機関に連絡

園が避難所になる場合

7. 保護者・関係機関への連絡
8. 受け入れ準備

↓

待機中の子どもの健康や精神面のケア

↓

引き渡し及び保護者と連絡がつかない子どもの保護

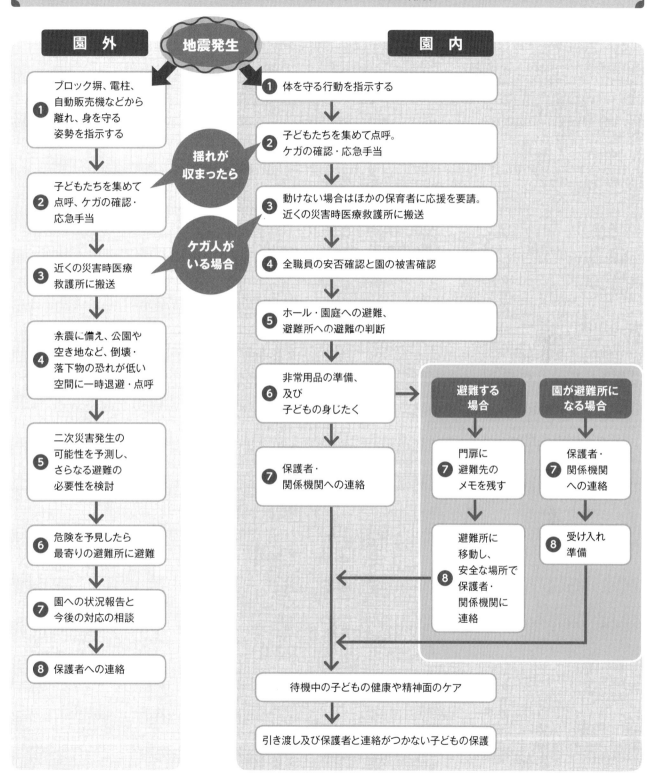

調理中に地震が起きたら

調理中に地震が起きたら、まずは自身の身の安全を確保することが第一です。

数秒で、倒れそうな物から離れる

調理室には、大型機器が多くあります。
すぐに離れましょう。

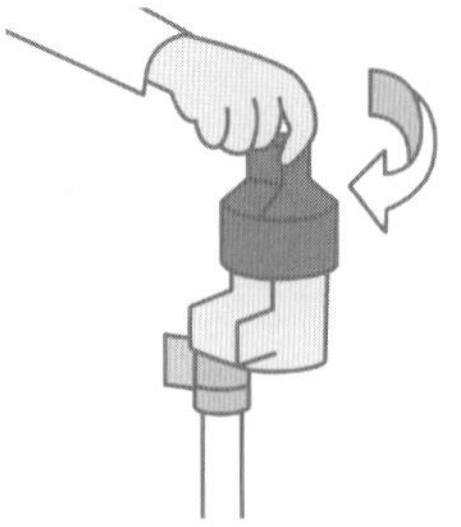

揺れが収まってから火を消し、ガスの元栓を閉める

余震が続くようなら、無理して調理室に入らないようにします。

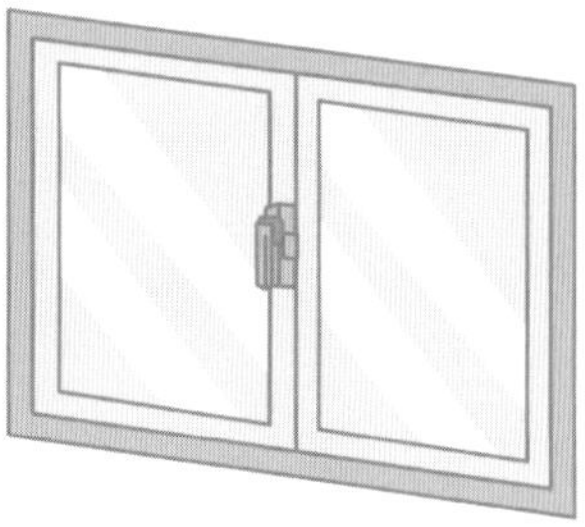

窓やドアを閉める

火災が発生した際、延焼を防ぐため、調理室から避難するときは、できるだけ窓やドアを閉めましょう。

できるだけ
調理場から離れることが一番

　地震が起こった際、すぐに火を消そうとしがちですが、まず、するべきなのは身の安全を図ること。すぐに、倒れそうな物から離れてください。地震の際、什器類の挙動として揺れから数秒程度で激しく揺さぶられて倒れてきます。機器が倒れて挟まれたり、調理室に閉じ込められる危険もあります。できるだけ、最初に、カタカタといっているうちに、すばやく逃げましょう。

　最近のほとんどのガス機器には、マイコンつきガスメーターが設置されていて、震度５以上の地震を感知すると自動でガスをシャットダウンする機能がついています。火を消したり、ガスの元栓を閉めるのは、揺れが収まってからでも充分に間に合うので、物が落ちてこない、倒れてこない、移動してこない場所に身を寄せる行動を優先しましょう。

CHECK!

- ●地震発生から数秒程度で什器類は大きく揺さぶられる
- ●火を消すより、身の安全を第一に図る

食事中に地震が起きたら

食事中に地震が起きたら、テーブルの下ではなく、室内の安全な場所に誘導しましょう。

食事時に潜む危険を知る

配膳をする際にワゴンを使用している場合、揺れで簡単にキャスターが動いてしまうので、ロックすることを忘れないようにする必要があります。また、ポットやテーブルに飾る花瓶は、短時間だからと考えず、滑り止めマットの上に置いて動かないようにしましょう。

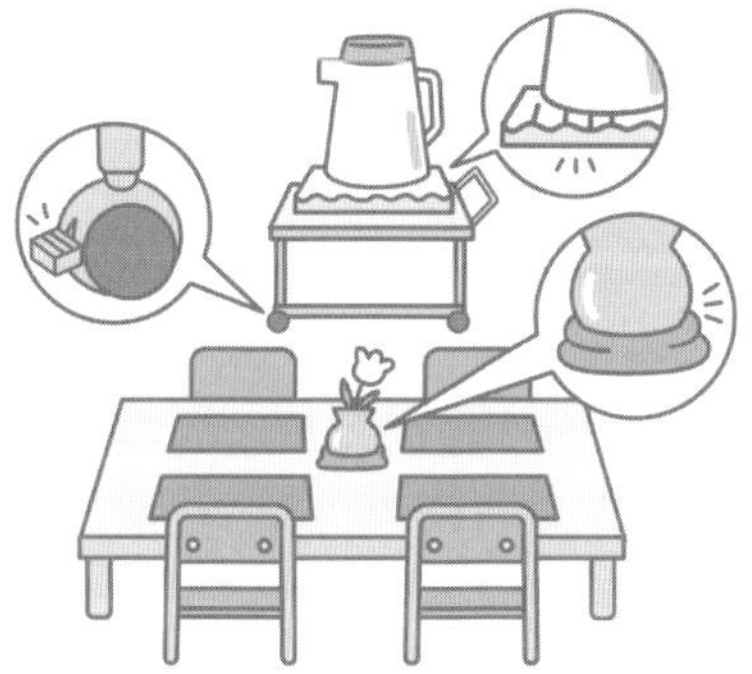

テーブルから離れた場所に誘導する

食事中に地震が起きたら、ただちに中断し、テーブルから離れるように指示しましょう。食器類が飛ばされて、ケガをしないための処置です。室内でも天井に照明機器がない安全な場所に誘導し、揺れが収まるのを待ちます。

「地震が起きたらテーブルの下」という考えもありますが、強い揺れによりスープ類を頭からかぶってしまう恐れもあります。また、イスをどけてテーブルの下にもぐる行為は意外と時間がかかるものです。揺れを感じたら、テーブルから離れたほうがよいでしょう。

揺れが収まったら、食器やこぼれた料理で滑り、子どもたちがケガをしないように注意します。ワゴンやポットといったものがあれば、子どもたちに危害が及ばないように遠ざけましょう。

CHECK!

- 揺れを感じたら、テーブルから離れるように指示する
- 揺れが収まったら、食器やこぼれた料理でケガをしないように注意する

園が避難所になったとき

園は、あらかじめ避難所に指定されていなくても、避難所になる場合があります。受け入れ態勢を整えておきましょう。

受け入れる際に決めるべきルール

- 保育者の勤務体制や食事の確保
- 園の備品の無断使用や貴重品の盗難に対する防犯対策
- 避難所運営者と保育者の役割分担
- 避難所運営会議への参加
- 保護者からの理解、協力を得る方法
- 園の再開に伴う退所手続きについて

避難所になった場合に園を守るための例

- 火気使用に充分な注意を促し、室内では火気使用禁止の協力を得る
- 貴重品や生活用品は自己責任で管理してもらう
- 感染症や伝染病の予防のため、室内の清掃や消毒などを心がけてもらう
- 室内の換気、禁煙を心がけてもらう
- 食べものの管理に注意してもらう
- 園の備品は使用しないでもらう
- トイレや水まわりの使用時は、衛生に注意をし、使用後は掃除してもらう

など

被災地では多くの園が避難所として求められた

みなさんの園は、避難所に指定されていますか？　実は、避難所には指定されていなくても、これまでの震災では多くの園が、避難所となっています。指定されている避難所の定員がオーバーしている、指定されていた場所が倒壊して機能しないなどの場合です。園は公共的な施設として、社会的に認知されています。行政に指定されるだけでなく、地域の住民が突然助けを求めてくることも考えられますから、避難所の受け入れの可否や、受け入れる場合のルールを決めておきましょう。

避難所になった場合は、避難住民に対して、園の安全性や衛生面の管理を徹底してもらわなくてはいけません。園には調理室がありますが、衛生面から調理室、調理室の器具、食器を貸す可否、貸せないときは手洗い場を貸すのか、様々な点を検討しなければなりません。

園として、できうる協力をすることが理想ですが、園の最大の使命は、子どもたちを受け入れるための1日も早い再開です。入所時にあらかじめ退所についても説明し、トラブルを避けるための対応をしましょう。

コラム　熊本地震から学ぶ

園が避難所になり、再開・食事提供ができるまで

熊本地震は、2016年4月14日、16日と、二度にわたって震度7という大きな地震が起こりました。

震度7を観測した益城町の保育所の一つ、益城町第四保育所は、避難所には指定されていなかったものの、避難所指定されていた場所が機能しなかったことで、避難所となりました。園舎に目立った大きな被害がなかったこと、自宅が被災した保育者がいて園に常駐できたからです。

避難所になり支援物資が確実に届くようになると、プロパンガスが使用できたため、園の大きな鍋を使い、温かい汁物を作ることができました。被災した保育者が避難所の責任者になっていたため、地域住民と協力しながら生活できたといいます。

10日間、避難所として機能した園は、次に再開に向けて動き出します。

調理室は被害が大きく、食器消毒保管庫やコン

大きな食器消毒保管庫も倒れました。

硬くて重いドアが外れてしまったコンベクションオーブン。

ベクションオーブンの基盤が破損していました。また、食材納入業者が被災して、食材の調達が不可能になりました。そのため、5月6日には園を再開したものの、食事提供は不可能。園再開1週間後、何とか食材を確保できたものの、調理室の大型器具はまだ間に合わず、紙皿での食事提供が1週間続きました。そして5月23日、園再開から17日後に調理室が整い完全な食事提供ができるようになりました。約1か月ぶりにみんなで食べた食事は、温かくて、本当においしかったそうです。

災害時は、突然避難所になる、調理室の器具が全滅する、食材納品ルートが断たれるなど、想定外なことがいくらでも起きます。だからこそ、あらゆる手段を想定し、備えることが大切なのです。

災害時のトイレ

災害時に断水した際、大きな問題になるのがトイレです。
あらゆる状況に応じられるように、充分な備えをしておきましょう。

災害時の様々なトイレ

携帯トイレ

●園の洋式便器に取りつけて使用可能
●吸水シートや凝固剤で水分を処理
●使用する度に便袋は処分
●便器がコンパクトに収納されたタイプあり

簡易トイレ

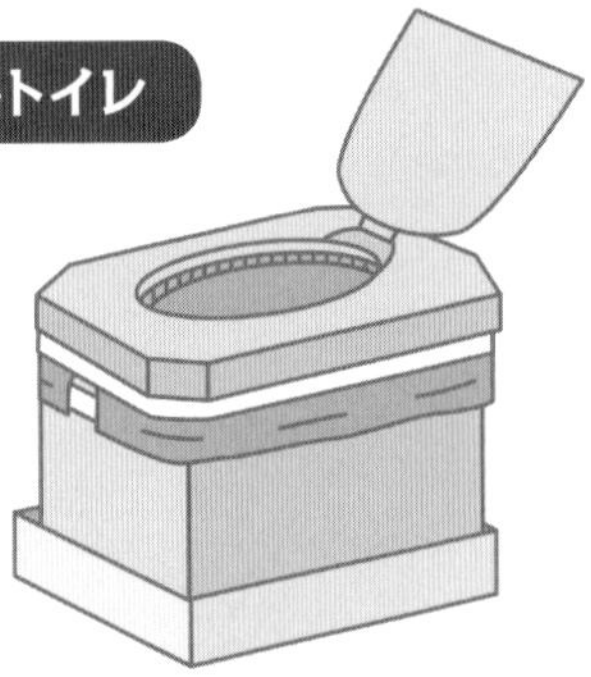

●段ボールなどで組み立てる洋式便器
●便器が壊れて使用できない場合に便利
●吸水シートや凝固剤で水分を処理
●使用する度に便袋は処分

災害時のトイレの考え方

●トイレ自体は使えなくても、「空間」は利用できる
●紙おむつも災害時のトイレ対策には役立つ
●使用後のゴミは一般ゴミと違うことを明記、屋外にまとめておく
●便袋の消臭、トイレの消毒、手の洗浄用品も忘れずに

充分な備えが重要なポイント

断水してトイレが流せないときは、簡易トイレや災害用トイレパックの備蓄が頼りになります。過去の災害で被災した園では、トイレを流すために水をバケツやポリタンクで運び、とても苦労したそうです。

トイレで苦労しないためには、1日に人が何回排泄するのかを把握することから始めます。園では最低6日分用意すればよいと思いますが、多ければ多いほど、安心です。

また、トイレと一緒にトイレットペーパーや消臭剤、消毒液、手の洗浄、抗菌剤などの用品も必要数用意しておきましょう。

使用済みの物は、一般ゴミと違うことを明記、保管場所を別にしてください。においの面からも、できれば屋外に集積するのがよいでしょう。

CHECK!

●子ども・保育者の1日の排泄回数を把握する
●備蓄量は6日分を目安に
●トイレットペーパーや、消臭剤などの準備も忘れずに

災害時に大切な口腔ケア

乳幼児は口内環境の悪化によるリスクを受けやすいため、災害時でも口腔ケアに注意しましょう。

災害時の口腔ケアのポイント

ガーゼ、ウェットティッシュでふきとる

指に巻いて、歯の汚れを落とす。ウェットティッシュは表面がでこぼこのメッシュ構造なので、汚れを落としやすい。ただし、アルコールが含まれているものは使用しないようにする。

少量の水で口をすすぐ

「ぶくぶくペー」だけでも、口腔ケアとして効果あり。塩水にすると、塩の殺菌効果によって、虫歯予防、風邪予防にもなる。塩分濃度が高すぎると、のどが乾くので注意。

歯ブラシだけでみがく

歯ブラシで、いつもより少し長めにブラッシングする。ブラッシング後は、少量の水で口をすすぐ。

口の体操をする

口を「あ」「い」「う」といった形にする体操によって、唾液の分泌を促し、口内の乾燥を防ぐ。

口内の乾燥を防ぐことが基本

断水すると、歯磨きやうがいが充分にできません。その場合、口内環境が悪化し、虫歯や風邪などのリスクが高まるほか、繁殖した雑菌が気管に入り「誤えん性肺炎」を引き起こす恐れも出てきます。阪神・淡路大震災では、震災関連死９２２人のうち、２２３人が肺炎で亡くなっており、その多くは誤えん性肺炎だと考えられています。口内環境の悪化によるリスクの高い人は、高齢者と乳幼児です。

そのため、災害の中にあっても口腔ケアは重要です。必要なことは、口内の保湿、歯磨きやうがいです。基本は、水やお茶をこまめに与えて、口内の乾燥を防ぎ、清潔に保つことです。その上で、歯磨き代わりにガーゼでふく、少量の水ですすぐ、歯ブラシがあるのならば、ブラッシングするだけでも効果があります。

災害時は食生活が不規則になり、お菓子やジュースを食べる機会が増えがちです。口腔ケアについては、保護者にも注意を喚起しましょう。

CHECK!

- 乳幼児は口内環境の悪化によるリスクを受けやすい
- ガーゼでふくなどの口腔ケアでも効果がある
- 口の体操などで口内の乾燥を防ぐ

子どもがケガをしたら

保育者は医療行為はできませんが、
災害時に子どもの命を救うためにできることもあります。

できることを できる範囲でおこなう

災害発生時には、救急車がすぐに来ない、医療機関と連絡がとれないことが考えられます。近くにいる保育者が、できるだけのことを迅速におこないます。

発災時に多いのは、物が倒れたり落ちたりして当たるケガや、割れたガラスによるケガです。手際よく応急処置をすれば救える命もありますから、慌てないために、心肺蘇生法やＡＥＤの使い方は、保育者全員が救急救命講習で学んでおくべきです。災害時だけでなく日頃も、子どもがケガをしたり、体調を崩したときに、おろおろすることがないように、子どもたちの命を救うために、しっかり学んでおきたいものです。

各クラスや調理室に、応急手当をする用品を置いて、定期的に中身の確認や訓練で処理方法を忘れないようにしましょう。

ケガをした際の応急処置

出血しているとき➡強く圧迫して止血する

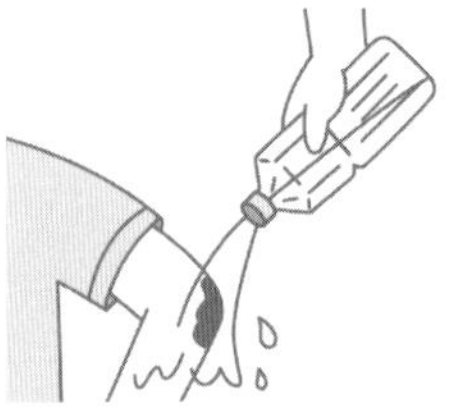

❶水道水（断水していたらペットボトルの水）で傷口を洗い、清潔なガーゼなどで軽く水分をふき取る。

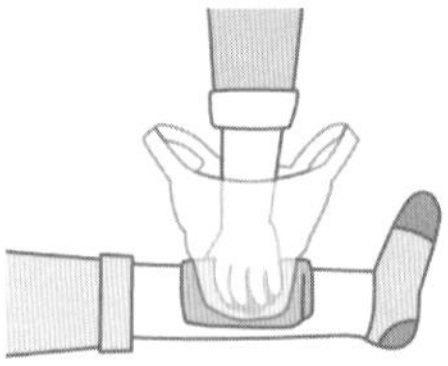

❷傷口にガーゼなどを当て、強く押さえて圧迫、止血する。感染防止のために、手袋を使う。なければ、レジ袋で代用。

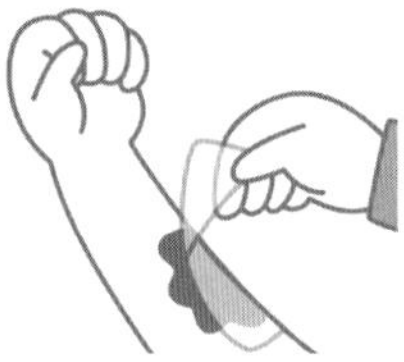

❸被覆材《ひふく》（ドレッシング材）で傷口を覆う。なければ、食品用ラップを使う。

骨折の疑いがあるとき➡折れたところを動かさないように固定

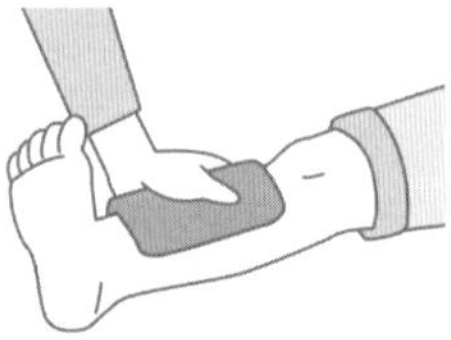

❶できるだけ楽な姿勢で休ませ、患部を水で濡らしたタオルや氷で冷やす。

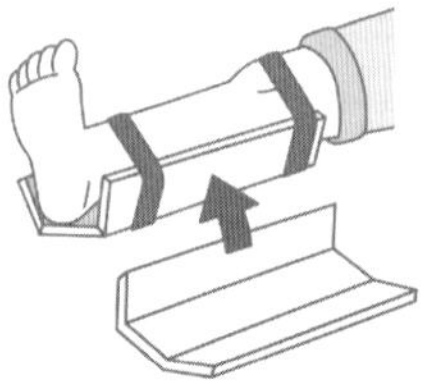

❷棒や板、傘、段ボール、雑誌などを副木として、患部が動かないように固定する。締めつけすぎないように注意。

Point

骨折した部位の上下の関節も固定する。

CHECK!

- 手当の用品を準備する
- 救急救命講習で心肺蘇生法やAEDの使い方を学んでおく

心肺蘇生法の手順

反応もなく、呼吸もしていなかったら、ためらわずにおこないましょう。

❶ 上向きに寝かせる

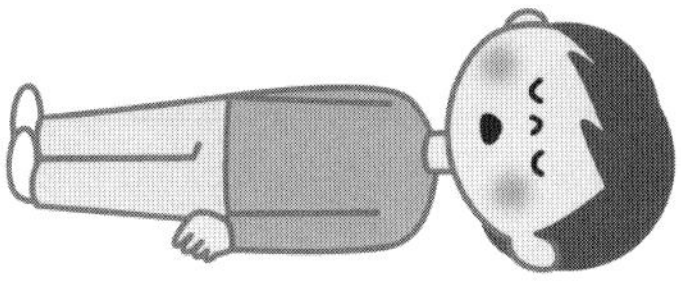

子どもを上向きに寝かせます。呼吸をしていなければ、胸骨圧迫をおこないます。

1歳以上

❷ 胸骨圧迫を30回おこなう

胸の左右真ん中にある胸骨の下半分を片手のつけ根で圧迫します。1分間に100～120回のテンポで30回。体重をかける感覚で、胸の厚さの3分の1まで圧迫します。

❸ 人工呼吸を2回おこなう

あごを反らせて気道を確保。子どもの鼻をつまんで、子どもの口を自分の口でふさぎ、子どもの胸が軽く膨らむ程度に、静かに2回息を吹き込みます。テンポは1秒に1回程度。

1歳未満

❷ 胸骨圧迫を30回おこなう

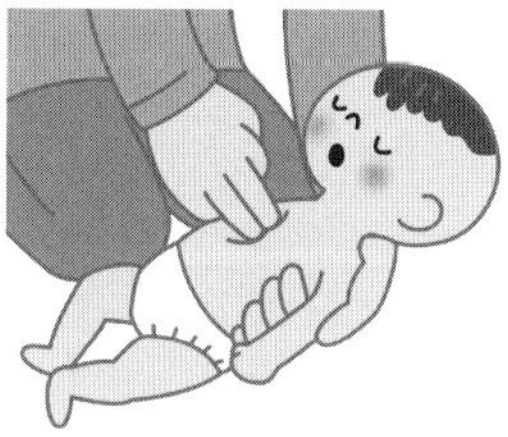

両方の乳首を結んだ少し下あたりの胸の中心に、片手の中指と薬指の2本の指先を床に垂直に立てて圧迫します。1分間に100～120回のテンポで30回。胸の厚さの3分の1まで圧迫します。

❸ 人工呼吸を2回おこなう

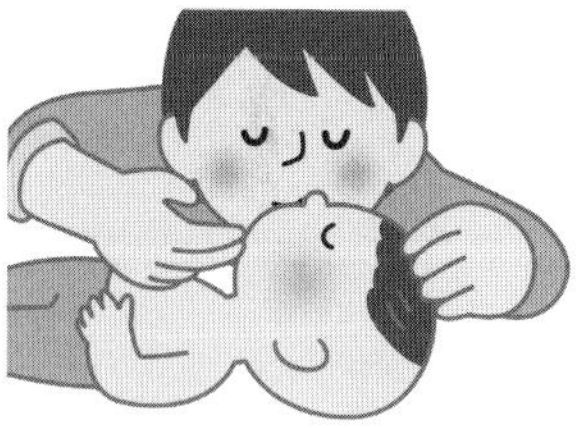

あごを反らせて気道を確保。子どもの鼻と口を自分の口でふさぎ、子どもの胸が軽く膨らむ程度に、静かに2回息を吹き込みます。テンポは1秒に1回程度。

Point

- ●救急隊が来るまでくり返しおこなう。
- ●速く、絶え間なく圧迫する。
- ●AEDが到着したら、すぐに準備し、電気ショック後に5サイクルおこない、これをくり返す。

AEDの使い方

AEDは音声ガイド機能がついており、それに従えば誰でも使えるようになっています。
事前に小児用パッドがあるか確認しておきましょう。

①電源を入れる

機種によって電源の種類が異なりますが、起動したあとは音声ガイドに従います。

②パッドを貼る

対象となる子どもの胸をはだけ、濡れている場合は水分をふき取ります。その後、電極パッドをパッドに図示された右胸と左脇腹に貼ります。小児用パッドがついている場合は、そちらを使用します。小児用モードがある場合は、本体をそちらに切り替えます。

③ショックボタンを押す

音声ガイドに従い、子どもに誰もふれていないことを確認し、ショックボタンを押します。その後、音声ガイドに従い、すぐに胸骨圧迫を再開してください。

災害時の医療体制

災害時は、病院の受入れ体制が通常とは異なります。医療体制を知り、いざというときに備えましょう。

災害時における医療・救護活動体系図（東京都の場合の例）

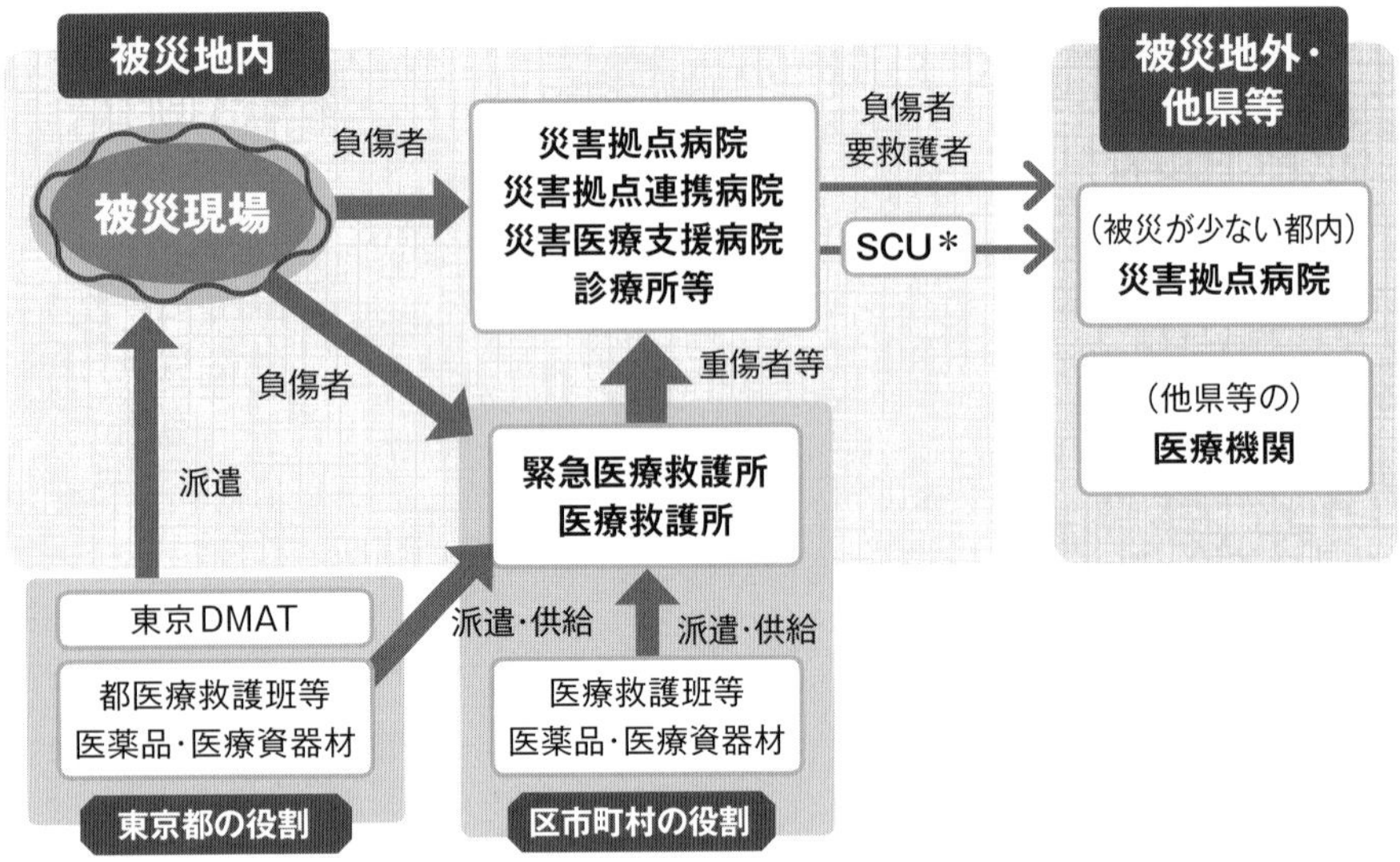

＊SCU（Staging Care Unit）：広域医療搬送拠点臨時医療施設

●災害拠点病院等

指定区分	説　明
災害拠点病院	主に重傷者の収容・治療をおこなう病院（基幹災害拠点病院、地域災害拠点中核病院及び地域災害拠点病院として都が指定する病院）
災害拠点連携病院	主に中等症者や容態の安定した重傷者の収容・治療をおこなう病院（救急告示を受けた病院等で都が指定する病院）
災害医療支援病院	専門医、慢性疾患への対応、区市町村地域防災計画に定める医療救護活動をおこなう病院（災害時拠点病院及び災害時拠点連携病院を除くすべての病院）

東京都防災ホームページより

頼りになる病院を把握しておく

　災害時、東京都では都内にある病院を、「災害拠点病院」、「災害拠点連携病院」、「災害医療支援病院」に区分しています。さらに、医療救護所が設置され、主に災害拠点病院等の近接地等に設置される「緊急医療救護所」と、避難所に設置される「避難所医療救護所」に分類されます。まずは、各自治体の災害時の医療体制と園から一番近い医療救護所の場所を事前に確認しておきましょう。医療救護所が決められていない自治体の場合は、指定避難所に行きます。地元医師会の医師や救急・災害医療の知識をもつ専門医療チームが派遣されている可能性もあります。生死に関わる事態の場合は、災害拠点病院にすぐに搬送しましょう。いずれにしても、災害時に頼りになる病院を把握しておいてください。

　また、日頃からかかりつけ医と災害時の対応について話し合っておくことも大切です。自治体の担当者にも、災害時に対応してくれるアレルギー専門医や専門医療機関の連絡先を聞いておくと安心です。診療所やクリニックの建物の耐震性、設備の固定、医師会としての災害時の役割、緊急時の連絡方法などを確認してマニュアルに記載しておきましょう。

6

巻末付録

施設・備品の安全管理チェックリスト
防災体制セルフチェックシート
備蓄品チェックリスト
園舎被災状況チェックシート（例）
被災状況一覧（例）
「預かり備蓄システム」依頼例
アレルギー対応備蓄チェックリスト

施設・備品の安全管理チェックリスト

施設・設備の安全が防災の基本です。
園舎が安全かチェックしましょう。

施設点検日　　　年　　　月　　　日　　　　　　　　　点検者氏名：

場 所	チェック項目	チェック	備考（改善など）
保育室・職員室・ホール	天井にずれ、ひび割れ、しみ等の異常はないか。		
	天井や壁に取りつけられた空調機は固定されているか。		
	照明器具は固定されているか。		
	照明器具に変形、腐食等の異常はないか。		
	掛け時計、掲示物、黒板は固定されているか。		
	家具、ロッカーは金具で固定されているか。		
	棚の上に重たいものは置かれてないか。		
	ピアノ、オルガン、コピー機は固定されているか。		
	窓ガラスにひび割れ等の異常はないか。		
	窓ガラス周辺に地震の際にぶつかりそうな物はないか。		
	引き戸、ドアの開閉はスムーズか。		
調理室	冷蔵庫、食器保管庫は固定されているか。		
	食器保管庫の扉はロックされているか。		
	ガスコック、ガス管にひび割れはないか。		
	使用しないときはガスの元栓が閉まっているか。		
	照明器具は固定されているか。		
玄関・階段・廊下	通行の邪魔になる余計な物は置かれていないか。		
	汚れで滑りやすくなっていないか。		
	釘が出ているなど異常箇所はないか。		
	階段の手すりにぐらつきはないか。		
	窓ガラスにひび割れ等の異常はないか。		
	くつ箱は固定されているか。		
トイレ	ドアの開閉はスムーズか。		
	汚れで滑りやすくなっていないか。		
	照明器具は固定されているか。		
園庭	遊具にぐらつき等、異常はないか。		
	危険となる余計な物が置かれてないか。		
その他	消火器は所定の位置に置かれているか。		
	外壁にひび割れ等の異常はないか。		
	門、フェンスに異常はないか。		

防災体制セルフチェックシート

園の防災体制を考えるにあたり、下記の事項をチェックしてみましょう。
足りない項目は追加してください。

場 所	チェック項目	チェック	備考
防災マニュアル関連	園内の指揮・連絡体制を定めている。		
	発災後の行動を具体的に定めている。		
	被災状況の確認・報告体制を定めている。		
	保護者への引き渡しルールを定めている。		
	保護者との連絡ルールを定めている。		
	行政・関連機関・業者等の連絡先をリスト化している。		
	避難場所・避難経路を定めている。		
	預かり備蓄品の活用をおこなっている。		
	持ち出し品や資材を定めている。		
	発災後すぐ使う備蓄品を想定している。		
	園再開後に使う備蓄品を想定している。		
	食事提供に関するルールを定めている。		
	園再開のための手順を定めている。		
	園の地形リスクに沿った対応が立てられている。		
食事提供関連	食事提供に必要な食料、水が備蓄されている。		
	紙コップや紙皿等の使い捨て食器類を備蓄している。		
	ポリ袋やラップ等、消耗品を必要量備蓄している。		
	カセットコンロ等の熱源を備蓄している。		
	備蓄品による非常用献立を作成している。		
	調理手順、盛りつけ方法を調理師以外でもわかるようにしている。		
	備蓄品の保管場所を全職員が把握している。		
	備蓄品の賞味期限を把握している。		
その他	年間計画のもと、園全体で訓練等をおこなっている。		
	全職員が救急救命講習、エピペン使用の講習を受けている。		
	行政・地域の防災組織、関連機関・業者と連携している。		
	防災マップを作成している。		

ックリスト

園の事情に合わせて、揃えておきましょう。

生活用品

□子どもの着替え、下着など
□紙おむつ
□使い捨てほ乳瓶・乳首
□カセットコンロ・カセットボンベ
□登山用カセットコンロと登山用鍋
□使い捨て食器
□使い捨て食具
□食品用ラップ
□アルミホイル
□食品用ポリ袋
□ティッシュペーパー
□ウェットティッシュ
□手指消毒薬
□おしりふき
□トイレットペーパー
□携帯トイレ
□簡易トイレ
□ブルーシート
□ガムテープ（補修テープなど）
□バケツ
□ウォータータンク（ポリタンク）
□アルミブランケット
□保温ポット
□自家発電機
□LED投光器
□ランタン
□掃除道具（ほうき、チリとり、ゴミ袋など）
□ゴム長ぐつ
□手袋類
□救助などの工具類
□抗菌・消臭剤（食事用など）
□筆記用具
□携帯用浄水器

食料品

□ミネラルウォーター（500mL）
□ミネラルウォーター（2L）
□ペットボトルのお茶
□パックのジュース（野菜ジュースなど）
□ゼリー飲料
□スティックミルク・キューブミルク・
乳児用液体ミルク
□クッキー
□乾パン
□ビスケット
□クラッカー
□無洗米
□缶詰・瓶詰
□即席スープ（みそ汁など粉末のもの）
□アレルギー対応ミルク
□アレルギー対応食品（おやつや離乳食も）
□乾物類（乾燥野菜やドライフルーツなど）
□調味料
□長期保存食
（フリーズドライ・レトルトパックなど）
□非常食

備蓄品チェ

園に必要と思われる備蓄品の一覧です。

応急手当用品

□包帯
□ガーゼ
□被覆材（ばんそうこうなど）
□三角巾
□タオル
□体温計
□カット綿
□綿棒
□はさみ
□爪切り
□ピンセット
□冷感シート
□湿布
□消毒薬
□抗菌剤
□マスク

その他

□預かり備蓄品
□パンクレス自転車
□携帯無線機（トランシーバーなど）
□携帯電話の充電器
□スコップ
□ワンタッチテント

避難用品

□おんぶひも・抱っこひも
□拡声器
□ロープ
□携帯ラジオ（手回し充電器付）
□ライトや懐中電灯
□台車、リヤカー
□ヘルメット
□電池
□関係機関リスト
□子ども・保護者名簿（緊急連絡先）
□アレルギー児一覧表
□小型テレビなど
□簡易調理用品一式
□敷物
□地域防災マップ

個人用

□メガネ
□コンタクトレンズ関連
□大人のための衛生用品
□笛
□歯ブラシ
□ゴーグル

園舎被災状況チェックシート（例）

被害の詳細は、建築家などの専門家が診断する必要がありますが、当面の判断は、
園の責任者である園長、または理事長がおこないましょう。子どもたちと職員の命の安全を最優先とし、
「これぐらいなら大丈夫だろう」という過信はもたないようにしましょう。

記入日時　　　　年　　　月　　　日　　　時　　　分　（　　災害発生後　　　時間　　　分）

記入者氏名

園舎被災状況

	確認項目	チェック欄	備考
園舎外部	園舎が傾いている、または沈下している。		○の場合は、園舎を退去・避難を実施
	隣接する建物が傾き、 園舎に倒れ込む危険性がある。		○の場合は、園舎を退去・避難を実施
	園舎周辺に地滑り、崖崩れ、 地割れ、液状化、地盤沈下がある。		行政等の専門家に連絡、退去・避難を検討
	外壁に大きなひび割れがある。		鉄筋コンクリート造の場合、大きく深い亀裂、 ×字型の亀裂は危険度大。鉄骨造の場合は、 柱・はりの損傷がなければ倒壊の危険度は低い
	外壁のコンクリート、タイル、 モルタル等のはく落が多い。		○の場合は、園舎を退去・避難を実施
	外から鉄筋が見える（鉄骨コンクリート造）。		○の場合は、園舎を退去・避難を実施
	外から鉄骨が見え、折れている、 または曲がっている。		○の場合は、園舎を退去・避難を実施
園舎内部	床が傾いている。		○の場合は、立入禁止、または避難を実施
	床が壊れている。		○の場合は、立入禁止、著しい場合は避難を検討
	天井材が落下している。		○の場合は立入禁止
	天井材がずれている。		○の場合は要注意
	壁が破損している。		○の場合は要注意
	ドアが変形している。		○の場合は要注意
	窓枠が変形している。		○の場合は要注意
	窓が割れている、またはひびが入っている。		○の場合は要注意
	照明器具が落下している。		○の場合は要注意
	照明機器がずれている。		○の場合は要注意
	家具・機器などが転倒している。		○の場合は要注意

被災状況一覧（例）

災害発生時は、被災状況を知ることが大事です。ただ、それらが整理されていないと、せっかくの情報が役に立ちません。必要な事項を一覧にしましょう。また、情報は更新を続け、常に最新のものがわかるようにしましょう。

記入日時　　　年　　　月　　　日　　　時　　　分　（　　　災害発生後　　　時間　　　分）

記入者氏名

人員状況

職　員	人（うち保育士	人、管理栄養士（栄養士）	人、調理師（調理員）	人、その他	人）
0歳児	人（うちアレルギー児	人）／1歳児:	人（うちアレルギー児	人）	
2歳児	人（うちアレルギー児	人）／3歳児:	人（うちアレルギー児	人）	
4歳児	人（うちアレルギー児	人）／5歳児:	人（うちアレルギー児	人）	
園児計	人（うちアレルギー児	人）			
総　計	人				

被災状況

	項目	使用の可否	備考（被害状況、対応状況等）	
施　設	保育室（　　　　くみ）			
	保育室（　　　　くみ）			
	保育室（　　　　くみ）			
	保育室（　　　　くみ）			
	保育室（　　　　くみ）			
	保育室（　　　　くみ）			
	ホール			
	廊下			
	トイレ			
	玄関			
	調理室			
	職員室			
	倉庫			
	園庭			
備蓄品	持出用			
	園内用			
	在庫品			
	納入済食材			
	その他			
ライフライン	水道			
	ガス			
	電気			
	自家発電機			
通信手段	電話			
	FAX			
	インターネット			
	スマートフォン			
	携帯型通信機（トランシーバーなど）			

「預かり備蓄システム」依頼例

「預かり備蓄システム」を採用する場合、保護者に内容を伝える必要があります。

説明会を開くほか、下記のようなお知らせでお願いしてもよいでしょう。

○○○○年　○月○日
○○○○園 園長 ○○○○

保護者各位

「預かり備蓄システム」実施のお願い

日頃、園の方針にご理解、ご協力いただき、ありがとうございます。

この度、地震などの災害に備えて「預かり備蓄システム」を採用することといたしました。

「預かり備蓄システム」とは、災害時、保護者のみなさまが、お子さまたちを引き取りに来られるまでに必要なものを事前にご準備いただき、園でお預かりするシステムのことです。

園でも災害時のための備蓄を進めておりますが、お子さま一人ひとりの発育段階や嗜好等、個々の特性に応じた物を備蓄するにも限界がございます。ぜひとも、お子さまの安心・安全のために、ご協力いただきたく存じます。

■お預かり期間

○○○○年○月○日(○) までに、各クラスの担任までお持ちください。
以降、大型のお休みごとにお持ち帰りいただき、時々に応じた中身の入れ替えをお願いいたします。

■入れていただく袋は園で指定の物を用意します

・2歳児さんまでは、避難が必要な場合に保育士が運ぶため、
　○○cm×○○cm程度の布の袋を用意しますので、その中にまとめてください。
・3歳児、4歳児、5歳児さんについては、避難が必要な場合は、お子さん自身が背負うため、
　背負いやすいナップサックを用意しますので、その中にまとめてください。

■入れていただきたい物

【共　通】

□食べもの・飲みもの（年齢に合った物）＊生ものは入れないでください。
□着替え（下着とくつ下を1着分　乳児のおむつは3枚）
□携帯用ウェットティッシュ（1個）またはおしりふき（1袋）　□マスク（2枚）
□ポケットティッシュ（2個）　□レインコート（乳児はサバイバルブランケット）
□笛・手袋は年齢に応じて

【必要に応じて】

□絵本やおもちゃなど、子どもがお気に入りの物
□常備薬（ご相談ください）　□アレルギー対応に関する物

以上、ご不明な点がございましたら、各担任までお問い合わせください。

アレルギー対応備蓄チェックリスト

災害はアレルギーをもつ子どもたちにとって、命の危険が高まるときです。
園、保護者ともに充分な準備をしましょう。

園

□アレルギー対応ミルク
□アレルギー対応クッキー
□アレルギー対応離乳食
□アルファ化米
□その他、アレルギー対応食品

□マスク
□ウェットティッシュ、おしりふき
□石けん、タオル
□アレルギーワッペン、シールなど
□アレルギー児一覧表

保護者に用意してもらう物（預かり備蓄システム）

【ぜんそく】

□マスク
□長期管理薬
□発作治療薬
□携帯用吸入器
□お薬手帳のうつし
□住所、氏名、緊急時の連絡先や主治医、
疾患名、アレルゲンなどを記入したカード

【アトピー性皮膚炎】

□処方されているぬり薬
□保湿薬
□ウェットティッシュ、
おしりふき
□お薬手帳のうつし
□住所、氏名、緊急時の連絡先や主治医、
疾患名、アレルゲンなどを記入したカード

【食物アレルギー】

□アレルギー対応食品
□処方されている内服薬
□気管支拡張薬
□携帯用吸入器
□エピペン

監修

国崎信江（くにざき・のぶえ）

危機管理教育研究所代表、
危機管理アドバイザー

女性、生活者の視点で防災・防犯・事故防止対策を提唱。国や自治体の防災関連委員を務めるほか、講演活動やテレビ・新聞などで情報提供をおこなっている。災害が起きるといち早く被災地に赴き、支援活動をおこなっている。著書に『実践！　園防災まるわかりBOOK』（メイト刊）ほか多数。

第3章　食物アレルギー児への対応

監修／海老澤元宏（えびさわ・もとひろ）

国立病院機構相模原病院臨床研究センター副臨床研究センター長

監修／林　典子（はやし・のりこ）

元国立病院機構相模原病院臨床研究センターアレルギー性疾患研究部管理栄養士・
学校法人ソニー学園湘北短期大学生活プロデュース学科講師

●スタッフ

撮影／梅田信幸（料理）
スタイリスト／鈴木祥子（料理）
レシピ・料理制作・栄養計算／鈴木佳世子・地曳美香
デザイン／岡部志保
　　　　　鈴木利枝子
本文イラスト／井上秀一・大沢幸子・畠中美幸・マルオアキコ

編集協力／青丹社
協力園／赤崎保育園（社会福祉法人赤崎愛児会）
　　　　猪川保育園（社会福祉法人猪川愛児会）
　　　　大船渡保育園（社会福祉法人台ケ丘学園）
　　　　盛こども園（社会福祉法人盛愛育会）
　　　　蛸ノ浦保育園（社会福祉法人蛸ノ浦愛育会）
　　　　立根保育園（社会福祉法人厚生会）
　　　　日頃市保育園（社会福祉法人日頃市保育会）
　　　　末崎保育園（社会福祉法人末崎保育会）
　　　　明和保育園（社会福祉法人明和会）

写真協力／岩手県大船渡市・猪川保育園（社会福祉法人猪川愛児会）・熊本県益城町

●参考文献

『実践!　園防災まるわかりBOOK』（メイト）
『保育救命～保育者のための安心安全ガイドブック』（メイト）
「東日本大震災被災保育所の対応に学ぶ」（全国保育協議会）
「特定給食施設における災害対策マニュアル策定のための手引き」（八王子市）
「保育所・幼稚園等 防災マニュアル作成の手引き」（高知県教育委員会）
「学校施設の非構造部材の耐震化ガイドブック（改訂版）」（文部科学省）
「保育所・認定こども園 災害時食事提供ステップアップガイド」（阪南ブロック栄養士研究会／大阪府泉佐野保健所）
「保育施設のための防災ハンドブック」（経済産業省）
「災害時における乳幼児への対応マニュアル」（兵庫県医師会／兵庫県）
「保育所におけるアレルギー対応ガイドライン（2019年改訂版）」（厚生労働省）
「災害時のこどものアレルギー疾患対応パンフレット」（日本小児アレルギー学会）

災害時の
食のお役立ちBOOK **～もしものとき、子どもと保育者・園を守る～**
発行日　2019年8月1日　初版

監修　　　国崎信江
発行人　　竹井 亮
編集人　　上原敬二
編集担当　元木啓太・橘田 眞・松浦真弓
発行　　　株式会社メイト　http://www.meito.jp
　　　　　〒114-0023　東京都北区滝野川7-46-1
　　　　　TEL　03-5974-1700（代表）

ISBN978-4-89622-450-4
©MEITO2019 Printed in Japan
本書掲載記事の無断転載、複製、商品化を禁じます。